真・保守論

國體の神髄とは何か

馬渕睦夫

徳間書店

目次

第1章 國體の危機

第2章　日本人としての軸

第3章 惟神の道と自灯明

山岸和尚との対話

第4章 大和心の神髄

佐波優子氏との対話

終章 保守とは何か

装丁／ヒキマタカシ（b.o.c）
DTP／株式会社キャップス
校閲／麦秋アートセンター
編集担当／浅川亨

第1章

國體の危機

滅びつつある日本

日本はいま滅びつつある――。

これは私がＹｏｕＴｕｂｅ番組「大和心ひとりがたり」を始めた２０２３年の１月以来、一貫してお伝えしている警鐘であり、勉強会「耕雨塾」においてもお話しし続けてきたことです。冒頭から憂鬱な気持ちになってしまいそうですが、しかし、嘆いてばかりはいられない。嘆くにしても明るく希望を持って嘆きたいものです。

全体を楽天的に明るく捉える。ただし、個々の事象においては慎重に、その裏に潜むさまざまな動きを注視しながら自衛する。そういう生き方がますます重要になってきていると感じます。

ところで保守というスタンスをとる言論人、識者にとっての共通のアジェンダが、安倍元総理の提唱された「日本を取り戻す」であるということに異論を唱える人はいないと思います。

では「日本を取り戻す」とはどういうことでしょうか？

グローバリズムによって薄まりつつある「日本らしさ」と答える方もいるでしょう。
中国資本に買いあさられる国土を取り戻すことだと訴える方もいるはずです。
尖閣諸島、竹島といった領土侵犯を許さないと憤慨している方もいるでしょう。
国連によって押しつけられる人権意識の拒絶と考えている方もいるかもしれません。
重要なのは正規の軍隊を持つことだと考える人もいることでしょう。
移民政策を進める政府を止めることだと憤慨している方もいるはずです。
ヘイトスピーチ解消法の施行撤廃を訴える人もいることでしょう。
ＬＧＢＴ理解増進法の撤廃こそが重要だと考える人も多いのではないでしょうか。
捏造歴史問題でわが国を貶める隣国の抑制こそ急務と思う方もいるでしょう。
媚中派の国会議員をなんとかしなくてはいけないと答える方もいるでしょう。
ＧＨＱによって断絶させられた教育や道徳の復古と答える方も多いはずです。

人それぞれ、直面している危機感や問題意識が違いますから「取り戻すべき日本」というのはさまざまです。しかし、どれも重要だと私は思います。

では、保守言論人が議論や提言の大前提としておくべき、「取り戻すべき日本」とは具体的に何を指すのでしょうか？

残念ながらこれまで、保守を名のる言論人たちは、耳当たりの良いスローガンのみに終始してきたように思えます。

安倍元総理が凶弾によって身罷《みまか》られてから1年半が経とうとしていますが、岸田政権の動きを見ていますと、基本的に日本という存在は亡びつつあるというよりは、もう「亡きもの」とされていると感じます。

そう嘆かざるを得ないのは岸田政権の暴走ぶりです。いろいろなところで申し上げていますが、それはまさに「日本国民の命」を考えない暴走。日本国民の命より、自分たちの保身が大切だということです。

その惨状を目の当たりにして、私たちは実感せざるを得ませんでした。

日本は「主権」を行使できない国であるということに。

安倍元総理が取り戻そうとしたのは「主権」だったということに――。

「いや、日本は立派な主権国家でしょう。アジア唯一のG7国家だし」――とおっしゃるような能天気な方がみなさんのまわりにもたくさんおられるはずです。

しかし、この本を手にとってくださったみなさんはお気づきのはずです。国家として日本が取り戻さなければならないのは、独立国家があたりまえに行使できる「主権」だったということに。

残念ながら岸田政権は「取り戻す」どころか「売り渡して」しまった。非常にわかりやすいことに、安倍元総理に対しては、首相の職務を辞退しても、お亡くなりになってからも、言いがかりと誹謗中傷を止めなかった左翼メディア、左翼政党、左翼言論人が、岸田総理を見事にスルーしている。

安倍元総理が、あらがい難いグローバリズムの潮流のなかで細い糸をたぐり寄せるようにじわりじわりと「主権」を取り戻そうとしていたことがよくわかります。100パーセントのうち、49パーセント妥協しても51パーセント取れればいい、私は安倍元総理の日本を取り戻す取り組みをそう喩《たと》えていました。

いまの日本が明日からスパっと主権国家になることなど不可能です。少しづつ地道にたぐり寄せるしかない。それなのに多くの国民はそれを理解できない。というよりは、日本に主権がないなどと夢にも思っていないのです。

残念なことに「日本ファーストでやれ」「独立国として行動しろ」と日本の背中を

叩いてくれたドナルド・トランプ氏は、いま国際政治の表舞台にいないのです。プーチン大統領の孤軍奮闘を目の当たりにし、そして安倍元総理亡きいま、より実感できるはずです。岸田政権は主権国家の義務を放棄し、DS（ディープ・ステート）の下僕となることを選択したことを——。

日本有事という最悪のシナリオ

岸田政権が日本を売り渡してしまったことで、「日本有事」の可能性が確実に高まりました。「日本有事」とは日本が戦争に巻き込まれるということです。

戦後80年近く平和を享受してきた日本が突然、戦争に巻き込まれることなどあり得ないと考える方がほとんどだと思います。

しかし、ちょっと立ち止まって考えてほしいのです。

私たち日本は「国連」のメンバーだと国連信仰の方は誇りを持っておられますが、国連の意味を改めてかみしめていただきたい。

国連というのは「国際連合」の略ですが、いわゆる「国連」は「国際連合」ではない。「ユナイテッド・ネーションズ」なのです。すなわち「連合国」。これはいまも変わっておりません。つまり、主体は第二次世界大戦の戦勝国の集まりです。

このことは著書においても、「大和心ひとりがたり」においても「耕雨塾」においても度々言及しているので、ご承知の方も多いことでしょう。「亡国の政権」のいま、私たちはこのことを注視しなくてはならないのです。

国連憲章、つまり連合国憲章の書き出しは「われら連合国の人民は――」と始まるのです。戦勝国のわれわれの組織であるぞ、と。

彼らにとっては「日本も入りたいなら入れてあげてもいいですよ。ただし、あなた方は二流のメンバーです。敗戦国として扱います」ということです。

そして1956年、日本はありがたく連合国のメンバーに入れていただいた。日本よりも後になりましたが、同じようにドイツも参加しました。イタリアは枢軸国として敗戦したあと、連合国側にくら替えして、日独等の枢軸国と戦いました。だから、戦勝国扱いなのです。ゆえに日本は最初からハンディを負っている。これは2022年9月のプーチン大統領の演説でも触れられています。

では、日本を売り渡したことと、日本有事とどう結びつくのか？

プーチン大統領演説抜粋（2022.9.30）

（前略）

西側諸国は何世紀にもわたって、他の民族に自由と民主主義の両方をもたらすと主張してきました。すべてが正反対です。民主主義の代わりに抑圧と搾取が存在します。自由の代わりに奴隷化と暴力。一極集中の世界秩序全体は本質的に反民主的で自由ではなく、徹底的に欺瞞的で偽善的です。

米国は核兵器を２度使用し、日本の広島と長崎の都市を破壊した世界で唯一の国である。ちなみに、彼らには前例があります。

第２次世界大戦中、アメリカはイギリスと協力して、ドレスデン、ハンブルク、ケルン、その他多くのドイツの都市を軍事的必要性もなく廃墟に変えたことも思い出してほしいのです。そして、これは見せしめとして行われたものであり、繰り返しますが、軍事的必要性はまったくありませんでした。**目的はただ一つ、日本への原爆投下と同じように、自国と全世界を脅迫することだったのです。**

米国は、野蛮な「絨毯爆撃」、ナパーム弾および化学兵器の使用により、韓国とベトナムの人々の記憶に恐ろしい痕跡を残しました。

彼らは今でも実際にドイツ、日本、韓国、その他の国を占領しており、同時に冷笑的にそれらを対等な同盟国と呼んでいます。聞いてほしい！　これは一体どんな同盟なのだろうか？　これらの国の指導者たちが監視されており、これらの国の最高幹部が執務室だけでなく居住にも盗聴器を仕掛けられていることは全世界が知っている。本当に残念です。これを行う者にとっても、奴隷のようにこの無礼を黙って諦めて受け入れる者にとっても恥ずべきことでです。

（中略）

繰り返しますが、西側エリートの独裁は、西側諸国の国民そのものを含むすべての社会に対して向けられています。これはすべての人に対しての挑戦です。このような**人間の完全な否定、信仰と伝統的価値観の転覆、自由の抑圧は、「逆の宗教」、つまり完全な悪魔崇拝の特徴です。**

（中略）

ヨーロッパやアメリカを含む世界中には、私たちには多くの同じ考えを持つ人々がおり、私たちは彼らのサポートを感じ、目にしています。さまざまな国や社会において、一極の覇権に対する解放、反植民地運動がすでに本質的に発展しつつあります。彼の主観は増すばかりです。この力こそが、将来の地政学的な現実を決定するのです。

（後略）

２０２３年7月11日、リトアニアの首都ビリニュスでＮＡＴＯ首脳会議が行われたのは記憶に新しいと思います。わが岸田文雄総理もその会議に招待されて出席しました。これは当然のことながら、ＮＡＴＯのメンバーとして出席したわけではありません。ＮＡＴＯのアジア太平洋のパートナーの一国として招待されたのです。

アジア太平洋パートナーですから、日本との間で国別のパートナーシップ計画というものが発表されました。これはサイバー貿易、宇宙安全保障、偽情報への対処などについてＮＡＴＯと日本との協力が盛り込まれています。

この計画が合意されたという事実をもって日本のメディアは、日本とＮＡＴＯとの間の協力の具体的成果をもてはやしていました。

おめでたいこと極まりない。まさに能天気です。

岸田政権はパートナーシップもさることながら、実はＮＡＴＯ連絡事務所を東京に開設することに力点を置いていたと推察します。「ＮＡＴＯ東京連絡事務所となれば、中国に対する抑止力になる」と、日本政府の幼稚な期待があったのでしょう。これは好意的な見方をすれば、です。辛辣に表現するなら、日本をウクライナ同様に戦場にしてもいいということです。

NATO連絡事務所を東京に置くことは、NATOが中国と全面的に対決するということを意味します。幸か不幸か（私は幸いなことだと思いますが）、フランスのエマニュエル・マクロン大統領が反対しました。

北大西洋条約第6条（集団防衛の対象になる「地理的範囲」を北米と欧州の加盟国領土などと規定している）を引き合いに出して、「われわれは原則的な理由から賛成できない」と明言したのです。中国への忖度もあると思いますが、要はフランス国益の視点からの反対です。

設置案は、NATOのイェンス・ストルテンベルグ事務総長が先導し、米国も後押ししました。しかし、フランスは東アジアに軍事関連で深入りしたくない。当然ながら中国はNATO東京事務所に対しては「アジア版NATOは不要」といつものように大激怒し、フランスに同意を呼びかけていました。

日本のメディアは「東京事務所の開設に反対するマクロン大統領はけしからん。そんなことではインド太平洋の平和は保たれない」という論調で批難しました。産経新聞は2023年6月13日に「NATO東京事務所の設置　マクロン氏は反対やめよ」というタイトルで以下のような記事を書いています。

北大西洋条約機構（ＮＡＴＯ）が検討してきた東京への連絡事務所設置に、加盟国であるフランスが待ったをかけた。

英有力紙フィナンシャル・タイムズ紙が、マクロン仏大統領が開設に反対していると報じた。セトン駐日フランス大使は「東京事務所開設は賛同しかねるが、ＮＡＴＯと日本の協力関係を強化することが重要だ」とコメントした。

このようなフランスの立場は理解しがたい。連絡事務所の開設さえ尻込みするようでは、日本とＮＡＴＯの協力が深化するとはみなされまい。今後、日本とＮＡＴＯが協力して中国の「力による現状変更」を抑え込もうと声をあげても鼻で笑われるだけだ。

同紙によると、マクロン氏は「ＮＡＴＯの活動範囲を拡大すれば、大きな過ちを犯す」と語ったという。

フランスが中国の脅威の高まりから目をそらす姿勢をとれば、インド太平洋と欧州の安全保障は不可分とする先進7カ国（G7）の結束は乱れる。

中国が、自由と民主主義を掲げる台湾を併呑《へいどん》してしまうなど覇権を拡大していけば、悪影響が欧州にも必ず及ぶとマクロン氏は気付くべきである。ロシアがウクライナ侵略に成功すれば、日本をめぐる安全保障環境が悪化するのと同じことだ。

マクロン氏は、世界の平和と安定に責任を持つフランスの指導者として、中国を恐れる姿勢をとるべきではない。翻意して東京事務所の開設を認めてもらいたい。（後略）（産経新聞　2023年6月13日）

マクロン大統領に言わせれば、「日本はそんなことを言っていていいのですか。中国と戦争をする気なのですか」ということでしょう。おそらくそういう問いかけをしたかったんだろうと推察します。

結局、連絡事務所問題は先延ばしにされました。私はこのままずるずると先延ばしされるのがいいと思います。この先また岸田総理が巻き返すのか、あるいはバイデン政権がひと肌脱ぐのかはわかりませんが、今後を注視しなくてはなりません。

なぜ私がマクロン大統領の反対が日本にとって幸いだと考えるかというと、中国が日本を軍事攻撃する一つの根拠を失ったからです。もしＮＡＴＯ事務所が日本に置かれたら、中国は「これは戦後秩序の力ずくによる変更だ」という主張が可能になる。

岸田総理が十八番のように「力によって現状変更するのはよくない」と言っておられますが、東京にＮＡＴＯ連絡事務所を置くことは「ＮＡＴＯの力が働いてアジア太平洋地域の現状を変更した」と中国には映るのです。私が習近平ならば、そう受け取ります。

そして「日本は中国の安全保障上の脅威になった」と。中国は第二次世界大戦の戦勝国ですから、敵国日本を叩く大義名分を持つことになる。そんなものがカードになるのかと懐疑的な方もおられるかもしれません。しかし、ご承知のように国連憲章のなかにはいまだ「敵国条項」の条文が残っているのです。

簡単にいえば、敵国に対しては戦勝国は何をしてもいいという条項です。それはあたりまえです。戦勝国の仲間に敵国が膝を屈して入れてもらったのだから、そういう取り扱いを受けても「文句は言いません」という言外の含みがあったのです。

中国にしてみれば、国連憲章上、すなわち連合国憲章上の軍事攻撃根拠ができたということになるわけです。ましてや、中国共産党が発する屁理屈はみなさんご承知のとおり。１９７２年の国交正常化以来、歴代政権与党の腰砕けの対中外交を振り返れば、有事にならなくともどんな要求を呑んでしまうのか――。

これは、そんなことはないだろうと流せる話ではありません。国連憲章の敵国条項も国際政治の現場では「使われる」のです。

２０１９年、北方領土交渉においてロシアのセルゲイ・ラブロフ外相が敵国条項を持ち出して揺さぶりをかけてきたことがあります。

ロシアのラブロフ外相は21日、ドイツ・ミュンヘンで16日に行った河野太郎外相との外相会談で、国連憲章に「(第2次大戦での)戦勝国の行いは議論の対象とならない」との記述があると主張し、北方領土のロシアの主権を認めるよう迫ったことを明らかにした。(朝日新聞　２０１９年2月22日)

後に安倍総理（当時）主催の北方領土交渉に関する会合でそれが話題になりました。それに対して外務省の現役組は何も言わなかった。同席していた私が引き取って、「この敵国条項については1991年4月の海部総理とゴルバチョフ大統領との共同声明において、敵国条項がもはやその意味を失っていることを確認しています」と説明しました。「死文化」または「無効化」ともいいます。それは意味を失っているということ。しかし文言は残されたままなのです。

安倍総理は黙って聞いておられましたが、外務省の現役組からはなんの反応もなかった。きっとラブロフ外相にその場で反論できなかったのでしょう。

ラブロフ外相にしてみれば、「無効化」は先刻承知のことです。そういうことをどれだけ日本側が細かく覚えているか、効果的に反論できるかどうかを試したのではないかと、私はいまだにそう思っています。つまり日本はくせ球に難なく空振りしてしまったというよりも、空振りすらしなかった。手も出せなかったと言われても仕方がないですね。

外務省の現役の人たちが悪いとは言いませんが、こういうときに反論していただきたかった。「ラブロフ外相には、1991年4月の海部・ゴルバチョフ共同声明を持ち出して反論いたしました」と。

このことからもわかるように敵国条項は無視できないのです。

1995年の国連総会決議で「無効化」されたにすぎないからです。なぜ、「すぎない」のか。

総会決議には法的な拘束力はなく、単なる精神規定だからです。それでも、それを援用して相手との論争に使うぐらいの知恵は必要です。そのお互いの真意を知りながら、そういう論争をやるというのが外交なのです。

北方領土交渉では安倍、プーチンの間で事実上、2島返還で決まったのです。これは2人の間で決まった。それを具体的な条文にするというところで、条文をつくる作業が外相レベルに下りてきたとき、敵国条項を持ち出されて頓挫してしまった。

本来、首脳間の決定を外相レベルで覆すことはできません。ただ、安倍総理の回想録などを読んでみますと、その間の事情が見えてきました。

私が想像したとおりでしたが、ロシアの国内に反対勢力がいた。プーチン大統領としても、それを抑えることができなかったのです。

反対勢力とはご承知のとおり、DS(ディープ・ステート)です。アメリカやイギリスだけではない、ロシア国内にも隠然たる権力を保持しているのがＤＳです。

それがロシアだけに根を張る連中ならば、できない相談ではなかったと私は思います。いや、できると思ったからこそ、プーチン大統領と安倍総理との間で、２島返還でいこうと合意されたのですから。

ところが、いざそれを具体的な平和条約の条文に落とそうとすると、ロシア内のＤＳがいちゃもんをつけてきた。その背後には、アメリカのＤＳがいる。さすがのプーチン大統領も軽々には動けなかったのだと思います。

本題からは少しそれましたが、敵国条項とはそういうものなのです。アメリカはもちろん、ロシア、イギリス、フランス、中国の五大国は敵国条項をいつでも発動できると見るべきなのです。日本だけでなくドイツに対しても――。

２０２２年の9月26日のノルドストリームの破壊は、アメリカ側の敵国条項の適用と解釈することも可能です。これは米ジャーナリスト、シーモア・ハーシュが「アメリカは如何にしてノルドストリームのパイプラインを破壊したか」というブログで告発しました。最近の情報では、ＣＩＡがノルウェーと組んでやったということになっています。

常識的に考えれば、あれは宣戦布告と同じなのです。

アメリカが、ドイツという独立国家に対して重要な経済権益に一方的に攻撃をかけた。力による変更そのものです。ロシアがやると、「力による変更だ」と非難しながら、自らがやる場合は有耶無耶《うやむや》にしてしまう。

これは「敵国だからやった」ということになりかねなかった。ドイツはそれを言われる前に降伏したと見るべきです。ドイツは第二次世界大戦がどういう性格の戦争であったのかをよく理解しているのです。

かつての西ドイツと東ドイツは1973年9月18日に同時に国連に加盟しましたが、それがどういう意味を持っているかということを十分理解しているわけです。だから、何も抵抗せずに、いわば敵国条項の適用に従ったのです。

さて、日本はどうしますか。先述しましたが、もしも中国がNATOの東京連絡事務所設置をとらまえて、「これは中国の安全に対する脅威である。したがって、中国は日本を攻撃する権利がある」と言い出したら、どうするでしょうか。

国際社会はそれを認めると思います。アメリカのノルドストリーム破壊に対して国際社会は何もコメントしなかった。仮の話ですが、東京連絡事務所が設置されていたとして、それをもって中国が「中国の安全に対する脅威である」と言って日本を軍事攻撃しても、どの国も反対しない——それが世界の現実なのです。

しかも東京には事務所があるだけです。そもそも日本はNATOのメンバーではないので、たとえ日本が攻撃されてもNATO諸国が自動的に日本と一緒に反撃することはありませんし、する必要がないわけです。岸田総理が進めるNATOとの協力関係は、日本を危うい状況に陥れる。

そのうえ、日本はいまアメリカの旧式武器をたくさん買わされています。中国からすれば、それは中国の脅威になる。「脅威なので日本を叩きます」と言われても、アメリカも反対しない。同じことをドイツにやっているのだから当然です。

アメリカは日本に核兵器を持たせない。なぜ持たせないのか。

いま中国は300発核弾頭を所有しているといわれています。日本も核武装していれば、さすがに中国もそう簡単には攻撃できないはずです。1発や2発ではだめです。相互確証破壊の核抑止論からすれば、日本も300発持っていなければならない。

しかし、アメリカとしては日本の核武装はあくまで阻止するというのが、いまの状況です。原子爆弾で倒した敗戦国日本に独立国としての真の主権は持たせないのです。

NATO加入という茶番劇

2023年7月、NATOはウクライナのNATO加盟を事実上拒否しました。「加盟国が同意し条件が満たされれば認める」とする声明は、そういうことです。

これはウォロディミル・ゼレンスキー大統領にとっては痛手です。敵国ロシアに対する「安全保障はNATOのメンバーになることだ」と信じて疑わないのがゼレンスキー大統領のネオコン政権です。もちろん、アメリカのネオコンもそれを実現するべく動いています。

ウクライナをNATOに加盟させれば、ロシアはウクライナに手を出せなくなるとアメリカのネオコン連中も絵図を描いているのです。

ところが、NATO首脳会議は、さまざまな国が参加します。今度、スウェーデンが入ることになって32カ国になりますが、そのなかにはトルコもいますから、いろいろな国の国益が錯綜しています。結果的にはNATOとしてはウクライナの加盟を事実上、拒否したということです。

ゼレンスキーもそういうことはわかっているはず。NATOは入れてくれるはずがない。しかし、彼特有のパフォーマンスで「ウクライナ加盟を認めることが重要だ、ロシアに対するウクライナの反転攻勢には欠かせない」と言い募ってきた。

　では、何が問題か。ウクライナにはＮＡＴＯに加盟する決定的な条件、基本的な条件がないということです。それはウクライナの国としてのガバナンス。つまり、腐敗政権だということです。これもＮＡＴＯ諸国は堂々と言っている。こういうことは日本のメディアの報道からは見えてこない。


【ブリュッセル時事】欧州連合（ＥＵ）のユンケル前欧州委員長は５日付のドイツ有力紙アウクスブルガー・アルゲマイネで、ウクライナが目指すＥＵへの早期加盟について、「社会全体が腐敗している国だ。加盟に向けた準備はできていない」と述べ、否定的な見解を示した。同国は、ロシアによる侵攻に伴いＥＵ加盟を申請した。

　ユンケル氏は、ウクライナに早期加盟の可能性があると約束すること自体が「ＥＵにもウクライナにとっても良いことではない」と指摘。大幅な国内改革が必要だと訴えた。（時事通信社　２０２３年10月６日）

「ウクライナは腐敗国家だ」とNATO加盟国は知っている。そのウクライナに「復興支援する」と大見得を切っているのが岸田総理です。ウクライナ復興支援は全部、われわれの税金から拠出される。

バイデン政権に巣くうネオコンに肩を叩かれたんでしょう。「復興は頼むよ、岸田君」「かしこまりました」と。——見てきたわけではありませんが、目に見えるようです。復興こそ日本の出番だ、と。いままで軍事援助ができなかったので、G7の議長国とはいえ、事実上はウクライナ問題の蚊帳の外だった岸田総理が張り切られるのも無理はないかもしれません。

NATOはウクライナの加盟を事実上拒否しており、安全を保障できないのが現状です。では、どこがウクライナの安全の保障をしたか。

G7です。2023年7月にビリニュスで同時に行われたG7首脳会議において、共同宣言でウクライナの安全を保障した。わが岸田総理は議長です。

【ビリニュス時事】先進7カ国（G7）は12日、ウクライナに対する永続的な安全保障上の支援を掲げた共同宣言を発表した。ロシアの侵攻を許した反省を踏まえ、将来の侵攻の再発を抑止する。長距離ミサイルや戦闘機など近代的な防衛装備品の供与を続けるなどし、ロシアに対抗できる持続的な防衛力を確保する。

北大西洋条約機構（NATO）首脳会議が開かれているリトアニアの首都ビリニュスで、G7首脳とウクライナのゼレンスキー大統領が合意した。G7が特定の国に安全保障に関する誓約を与えるのは初めて。

G7議長の岸田文雄首相は、「われわれの連帯は決して揺らぐことはない」と強調。バイデン米大統領も「G7の支援は限りなく続く」と述べた。ゼレンスキー氏は「ウクライナの安全保障上の勝利だ」と歓迎した。

共同宣言はウクライナを軍事的、経済的にどう支援していくかについて定めた。G7がウクライナの安全を「保証」するのは、同国のNATO加盟までの「つなぎ」の意味合いが強い。軍事支援で憲法上の制約がある日本も可能な範囲で加わる。（時事通信社　2023年7月12日）

これはどういうことでしょうか。

ＮＡＴＯはウクライナの安全を保障しないので、Ｇ７がやることになった。日本が大きな責任を負ってしまったということです。

ウクライナの再建ができるように「日本はおしみなくお金を出せ」と言われ、岸田総理はオーケーした。それしか岸田総理のやることはない。軍事支援のできない日本にとってそれ以外Ｇ７で出番はないからです。

軍事同盟のＮＡＴＯではなくて、単なる首脳の集まりであるＧ７が、ウクライナのこれからの安全保障を引き受けるとはどういうことか。

お金を出せる日本が引き受ける。他国が必要とするお金も日本が出す――たぶんそういうことになっているのだと思います。徐々に明らかになっていくはずですので、ウォッチしてゆきましょう。

岸田総理的には「もうそれでいい」ということなのでしょう。加えて、このことで日本の安全保障、つまり日米安保条約の強化が手に入る。そう取り引きしたという気になっておられるんだ推察します。

でも、アメリカはまったくそんな気にはなっていない。

たとえば中国が日本を攻撃しても、アメリカは日本を守るために日本と一緒に中国に反攻してはくれません。ただ見ているだけです。

よく言われますが、日米安全保障条約第五条は、領土問題については一切触れていないのです。

【日米安全保障条約】

第五条　各締約国は、日本国の施政の下にある領域における、いずれか一方に対する武力攻撃が、自国の平和及び安全を危うくするものであることを認め、自国の憲法上の規定及び手続に従つて共通の危険に対処するように行動することを宣言する。

前記の武力攻撃及びその結果として執つたすべての措置は、国際連合憲章第五十一条の規定に従つて直ちに国際連合安全保障理事会に報告しなければならない。その措置は、安全保障理事会が国際の平和及び安全を回復し及び維持するために必要な措置を執つたときは、終止しなければならない。

折に触れ「アメリカは尖閣諸島が日米安保条約五条の適用範囲内であることを認めてくれた」と日本政府は喜んでいます。しかし、あれはたまたま現状において、尖閣列島の行政権力を行使しているのは日本であると言っているにすぎない。アメリカは、尖閣は日本の領土であるとは一度も言っていないのです。「尖閣は日本領だ」といったところで、アメリカには通じない。もちろん中国には通じません。それどころか、台湾にも通じない。台湾も尖閣諸島の領有権を主張していますから。

もちろん尖閣諸島はずっと日本の領土です。中国にしても、それを認めていたというか、問題にはしていなかった。ところが、尖閣諸島の周辺に油田が発見されたとなったら、とたんに尖閣諸島は中国の領土だと言い始めた。最初にそれを全部拒否すればよかったのに、日中国交回復のとき田中角栄首相は周恩来との会談で棚上げしてしまった。

それ以降、日本はそれに触れない。その問題を提起されても、逃げ回っている状況です。民主党政権のときに、中国の漁船が海上保安庁の巡視艇に体当たりしたときも、特別金まで出して船長さんにお帰り願った。

日本のことを日本で決められない——。わが国はそういう状況にある。これは何も日本を貶めることでもなんでもありません。日本の国防論議というのは、むしろわが国が置かれたそういう状況を正しく理解することから始めなければなりません。

これが「主権」を持たない国の姿なのです。

話をもとに戻します。G7がウクライナの安全保障を担う。これは「武器の援助はできませんが、日本が武器を買うお金は出します」ということです。

そういう状況で、NATOは「日本のことは知りません」という態度。

フィンランドはロシアの外交政策についてロシアの害になることはしないという約束でフィンランドの安全は保障されていました。フィンランドはそれをかなぐり捨ててNATOのメンバーになりました。

そして、一連の国際法上の批准手続きがすんで、スウェーデンが正式に加わればロシア包囲が完成します。

NATOはロシアとの直接対決、すなわち戦争をする気がないのは明白です。しかし、包囲網はつくりました。この矛盾に満ちた状況がどこまで保たれるのか。

岸田総理は2023年のG7議長として「力による現状変更に反対する」と言うだけでなく、「G7を団結させる大義名分になった」とまでおっしゃっています。

しかし、力によって現状変更をしてきたのはだれか。

ＮＡＴＯです。ＮＡＴＯが東西冷戦後、力での現状変更の先頭に立ってきた。たとえばユーゴ空爆です。スロボダン・ミロシェヴィッチ政権を倒し、コソボの独立までさせました。

イラク戦争も同様。この戦争は、「イラクが大量破壊兵器を持っている」というＣＩＡの偽情報に基づいてイラクを攻撃し、サッダーム・フセインを追放どころか、最後は処刑にまででした。

そしてアラブの春。リビアもＮＡＴＯが空爆しました。ムアンマル・アル＝カッザーフィー（カダフィ）大佐も暗殺された。しかし、シリアは上手くいきませんでした。ロシアが介入して、バッシャール・アル＝アサド政権は現在まで持ちこたえています。

世界はそういう力関係にありますが、そういう力関係をまったく無視している岸田総理は、どうされるのか。

これに対して答えはありません。逃げる以外にはないでしょうね。力によって現状変更をしてきたのはＮＡＴＯということに対して、岸田総理はひとことも言えないはずです。もちろん言うつもりもないんでしょう。

端的にいえば「アメリカ（ネオコン）のやることには、どこまでもついていきます」というのが岸田政権の姿勢です。それはそれで岸田総理の一つの政治的な選択肢です。ただ、問題は国民を道連れにしたこと。われわれもアメリカに追随せざるを得ない状況だということです。

２０２３年７月、韓国の尹錫悦（ユン・ソンニョル）大統領がウクライナを電撃訪問しました。

なぜ電撃訪問なのか、だれがアレンジしたのか。

ネオコンとしか考えられません。要するにＤＳがアレンジして、韓国もウクライナの復興に一枚加わらせるということです。尹大統領としては、日本と同格になったわけではないけれども、事実上、アメリカから見て日本と同じだけの扱いを受けていることになるので、悪くはない。

この一連の動きを見ると、私はいわゆる１９５０年のアチソン演説をどうしても思い出してしまいます。中国共産党を支援して中華人民共和国をつくった当時のアメリカは容共政権ですからね。共産主義を世界に広めようとしていた一翼を担っていたのが、当時のハリー・トルーマン政権です。

1950年1月、トルーマン大統領は記者会見で、中国の内紛にコミットせず、台湾にも軍事援助を与えないと明言しました。その1週間後、アチソン国務長官が、朝鮮戦争勃発の半年前にワシントンDCのプレスクラブで「アメリカの防衛ラインはアリューシャンから日本を通ってフィリピンにいたる線である」と演説したわけですが、アメリカ外交の基本となる防衛ラインに台湾と朝鮮半島が入っていなかった。

多くの識者はこの発言の意味について言及しない。もちろん、ビジネス保守の方は当然言及しません。

この意味がわかれば、中国共産党が主導しての台湾有事がないことは明白です。

アチソン演説の当時から、台湾は中国のものだとアメリカが認めているということです。これは事実上、中国が台湾に侵攻してもアメリカは干渉しません、北朝鮮が韓国に侵攻してもアメリカは介入しませんと、堂々と世界に向けて発信したも同然なのです。

毛沢東が賢明だったのは、台湾に侵攻しなかったことです。事実上、アメリカに「あげる」といわれたも同然なのに、台湾に侵攻しなかった。

動いたのは朝鮮民主主義人民共和国（北朝鮮）首相の金日成。1950年の6月25

日、北朝鮮が韓国に侵攻し朝鮮戦争が勃発します。金日成の誤算は、アメリカが国連軍をつくって北朝鮮軍と対峙したこと。

国連には北朝鮮の後ろ盾であるソ連が常任理事国として存在しているというのに、なぜ、アメリカは実質アメリカ軍の国連軍を朝鮮半島に派遣することができたのか。

答えはシンプルです。ソ連が反対しなかったから——。

というより、安保理審議にソ連はいなかった。欠席や棄権は拒否権とは認められない規定なので、ソ連欠席のまま北朝鮮の攻撃を「平和の破壊」と認定して、国連軍の派遣が決まったのです

国連軍が出向けば自分が手塩にかけて育てている北朝鮮が戦争に負けることになる。それなのに、国連軍の派遣にヨシフ・スターリンは反対しなかった。

これはどういうことか？

実はこういう世界史の謎をについて考察しだすと止まらなくなります。

それは止まらないはずです。これはいまの岸田政権が置かれている謎に直結するからです。われわれはそこに気づき、一人ひとりが精神武装をしなければならない、もはや猶予はありません。

復興支援の名の下の買収

2023年9月9日、林芳正外務大臣は内閣改造の直前にウクライナを電撃訪問しました。ポーランド経由で列車でのウクライナ入りです。アメリカのジョー・バイデン大統領もそうですし、岸田総理が3月に電撃訪問されたときも同じルートでした。なぜ列車で行くのかについての説明はどこにもありませんが、常識的に考えればウクライナ空軍が存在していないからです。つまり、制空権を持っていないので、安全のために列車で行くという屁理屈です。

既存メディアの報道によれば、林芳正外務大臣（当時）はずいぶん張り切っておられたそうです。「今度は自分の出番だ」ということでしょう。G7の外務大臣の中で、ウクライナを訪問していないのは彼だけでしたから。

最初はメディアに、ポーランド行くという説明をしておられましたが、その心がウクライナにあったということは見え見えでした。しかし、そこはあえて隠し、あたかも電撃訪問のような形をとられたのでしょう。

そういう演出自体が、この訪問がうさん臭いという勘繰りを入れられるもとになる。

実はその勘繰りこそが日本の崩壊と結びついているのです。

ウクライナに行って何をされたかというと、主要紙の報道では「日本は官民挙げてウクライナの復興を支援する」と。そういう趣旨をウォロディミル・ゼレンスキー以下、関係閣僚に伝えたということですが、「何をいまさら」ということです。

しかも報道に表れた復興支援とは何かというと、地雷対策や瓦礫除去、基礎インフラの再建、産業振興、統治能力強化――。

復興支援という言葉のなかには二つの意味があります。

一つはまさに復興支援。戦闘で壊されたインフラを再興する。発電所が壊されたら、発電所の送電線網を直すといった意味での復興。つまり復旧です。

ところが、もう一つの復興支援がある。それはどういうことか。

「復興支援」という言葉で煙にまいていますが、これは「ウクライナをいかに解体するか」ということです。物騒な物言いですが、それがもう一つの復興支援です。ウクライナに武器を支援した欧米諸国が考えているのは、ウクライナから「取れるものを取る」ということです。

ウクライナには広大な土地、小麦畑があります。ひまわり畑も有名です。ひまわりはいろいろなものの原料になる。こういったものを全部買い取ろうということです。ウクライナには世界遺産になっている教会もあります。金銀財宝が眠っている由緒ある教会をいただこうということです。それがネオコンの息のかかった人たち、今度の戦争で武器支援をした人たちが考えている「復興」なのです。

戦争支援者にとっての「復興」は、彼ら自身が投資した戦費を上回る回収をすることです。もともと戦費は欧米の軍事支援をした国の国民の負担になっていますが、それだけでは足りないと彼らは言います。軍事支援で儲けたけれども、今度は別の観点から儲ける。それはウクライナの財産を売り払うことです。

復興支援はこの区別をつけなければいけません。

岸田政権はそのことに気づいているのかいないのか。ネオコンから「こうやれ」と言われたからやっておられるにすぎないと思いますが――。つまり、私たちの税金でウクライナを解体するということ。これからそれが始まります。

ウクライナ軍はすでに存在しない――こういうことを言うと、また「やれ、陰謀論だ」という人がいまだにいます。そして、いまだに既存のメディアは、まだウクライナが頑張っているという報道をしています。そして、いつも「侵略したロシアが悪い」という論調です。

しかし、グローバルサウスは何を言っているか。2023年9月、ニューデリーで行われたG20の会合では結局、いままで最もトーンダウンした共同発表でした。それはロシアを正面から非難していないことからもわかります。それだけグローバルサウスが強くなっているということ。


【G20ニューデリー首脳宣言】

ウクライナにおける戦争に関し、バリでの議論を想起しつつ、我々は、各国の立場や国連安保理及び国連総会で採択された決議（ES－11／1及びES－11／6）を再確認し、全ての国が国連憲章の目的及び原則に全体として整合的な方法で行動しなければならないことを再確認する。国連憲章に沿って、全ての国は、いかなる国の領土一体性及び主権又は政治的独立に対しても、領土取得を追求するための武力による威嚇又は武力の行使は慎まなければならない。核兵器の使用又はその威嚇は許されない。

われわれもＧ７の一員にまつり上げられていますが、認識すべきはＧ７は世界の少数派だということです。広島Ｇ７サミット、その後のビリニュスでのＮＡＴＯ首脳会議で明確になりました。アジアの一国として日本が呼ばれた理由は日本がＤＳの言いなりになる国だからと言わざるを得ません。

繰り返しになりますが、岸田総理は日本国をＤＳに売ってしまった。だから、アメリカは日本を持ち上げてくれるのです。アメリカの言うとおり、つまり、ネオコンの指示どおりに岸田総理は動いている。だから、よくやっている、と評価されている。

これははしごを外される前によくある現象です。

はしごを外されないことを願いますが、そうは問屋が卸さないでしょう。

どこからはしごが外されるのか。

ウクライナから外されていくわけです。何度も申し上げていますが、事実上、ウクライナ戦争はもう終わっています。いくらＤＳ支配下にある既存メディアといえども、賢明なジャーナリストの方はいまの状況が読めるはず。もちろん読んでおられる方はいらっしゃると思います。でも、言えない。しかし、そういう古い秩序はすでに終わりつつあることに気づいていただきたい。

日本を進んで破壊する政権

こういう言い方は一国の総理に対して失礼ですが、亡国の岸田政権はせっせと日本を破壊しておられます。

その一つがLGBT問題です。LGBT問題というのは、そもそも日本にはなかった。LGBTの方は存在しておられたかもしれませんが、それがLGBT問題であるとか差別とかいう形では日本には存在していませんでした。

ところが、自民党が「それは差別だ」という法律を無理やりつくった。これは差別のないところに差別感を持ち込んだということです。みなさんもご承知のとおり、日本を分断することになりました。

もちろん、さまざまな問題が議論されています。たとえば温泉旅館で、女風呂にトランスジェンダーの男が入ってきたらどうするか――そういう話を中心に議論が展開されていますが、最も重要な点が抜けています。それは教育現場です。教育現場ではまだこのことが十分議論されていない。

これは早くから心ある識者によって危険性が指摘されている問題です。ところが、既存メディアはいっさい教育におけるLGBT問題は取り上げない。

アメリカがいまなぜ壊れてしまったのか。もう過去形なのです。私に言わせてみれば、建国のアメリカはもう存在しません。

アメリカの教育現場は、LGBTを盾にした左翼に乗っ取られてしまいました。しかもそれに異議を唱える保護者のほうが、司法から問題にされているのです。

このままではいずれ日本もそうなる。小学校でLGBT教育をするのは問題じゃないかとご父兄の方が声を上げたら、その人のほうがむしろ行政から非難される。そういう事態になる危険がある。法律が通ってしまいましたから時間の問題です。

たとえばヘイト法の顛末をご覧になればおわかりでしょうが、日本の場合は、行政組織も下に行けば下に行くほどどんどん手厚くなる。手厚くなるという言い方はおかしいのですが、そう言わざるを得ない。もともとのヘイト法で規定された内容よりも、より厳しい内容がいま末端の行政機構では行われています。LGBT法も同じようになることが容易に想像できます。

もはや窮屈な世の中といったようなものではありません。そういう日本社会の分断は、アメリカから1周遅れか2周遅れ、あるいは3周遅れかもしれないし、逆にそのうちにアメリカを突然追い越して世界の先頭を走るようになるかもしれない。

その役目を担わされているのが亡国の岸田政権です。

ところが、そういうことを理解しようとはされません。もちろん理解する能力はお持ちですが、考えることをやめているのでしょう。そういうことを理解しようとすると、いまのようなばかげた政策はとれるはずがない。

岸田総理の権力欲が他人以上に強いかどうかはわかりませんが、権力欲のある人だというのは、２０２３年９月の改造内閣人事を見てもわかりますし、総理になったら何をやりたいかという質問に対して「人事をやりたい」とおっしゃったと聞いていいます。その発言自体が彼の権力欲というものを証明しています。

そのことを悪いと言うわけではありませんが、その結果がどういう状況をもたらしているか、それはわれわれ国民が判断しなければならない問題です。

前代未聞なのは、なにより国民が「自衛」しなければならないように追い詰められていることです。

もう一つは移民問題です。移民といっても他人事のように思いますが、いまみなさんのまわりは外国人ばかりです。

しかし、これを異常とは思わない。単に「インバウンドだ」と。コロナ騒動が終焉したからインバウンドの回復だということです。でも、これは単なるインバウンドの回復にとどまりません。まっとうな旅行者にまぎれた外国人が不法滞在者として居つきます。しかもその不法滞在者を日本企業は雇わざるを得なくなる。

それはなぜか。ご存じ2024年問題です。「人手が足りなくなる、危機的状況だ」と人々の危機感や恐怖をあおる「うそ」が広まっています。

私はあえて「うそ」と言います。たとえば2024年になると、トラックドライバーの残業の上限が決められる。そうなると、トラックドライバーが不足する——。物流が減らない限り、不足するのはあたりまえです。あたりまえのことを国民が気づかない。「人手不足だ」というレトリックで納得させられてしまっている。そして「2024年問題がやばい」と狼狽えている、それが現状です。

人手不足は労働時間を制限して、人為的につくられたもの。それに気づいている人だけが、「岸田さんのやっていることは、どうもおかしいぞ」とわかるのです。

気になるのは移民の推進と人手不足とのリンクです。

こういうことは公開情報だけで十分わかります。要するにいま日本に大挙して訪れている観光客と称する人にまぎれた移民希望者が不法滞在者として日本に残る可能性が大いにあるわけです。

その方たちは何をするのか。日本で就労します。なにせ人手不足ですから、どこでも雇ってくれます。いまはコンビニでも外国人がけっこう働いていています。レストランは言うに及ばず。昔、インド料理専門店でインドの方が働くのは普通のパターンでしたが、いまは日本料理のレストランで外国人が働いている。

そしてこれをもう異常だとは思わないほど感覚が麻痺している。というより、国民に「それを異常だと思うことが良くない」と思考させる洗脳がメディアで行われているわけです。人手不足を解消しなければならない——その場合は外国人であってもいいじゃないか、と。政府が既存メディアを使って進めている洗脳の目的は見え見えです。私たちはいま、そういう立場に立たされています。

残念ながら、国民はその意味に気づかないようになってしまっている。多くの国民にとって、メディアの言うことは正しいこと。すでに戦後80年近くたちますが、そのように教育されてしまっている。ゆえに、疑いを持てない。ＮＨＫがこう言っていた、朝日新聞がこう言っていた——だから正しい。そう信じている方があなたのまわりにもいらっしゃるはずです。

先般、私はとあるレストランで不思議な人を目撃しました。マスクをしておられるのですが、食べるときもマスクを外さないのです。どういう食べ方かというとマスクをちょっと上にずらして口に含んで、またすぐマスクで口を覆う、その繰り返しなのです。なんのためにやっておられるのか。結果的には感染を容易にするためにやっておられるとしか思えません。

これは普通に情報収集して、自衛していればわかる話です。そもそもマスクでウイルスを防げないのは常識です。その常識すら、朝日新聞やＮＨＫが言わないと信じない。とくに団塊の世代以降の高齢者に多い。

コロナ騒動以来、いままでの洗脳の結果が一挙に現れてきたのだと思います。逆に言えば、洗脳されていることに気づかなかったのです。

言いすぎかもしれませんが、まだ気づいていない方が大多数です。そして自分に限って「洗脳なんてされていない」とおっしゃる方が多い。皮肉なことに、自分は大丈夫だとおっしゃる方が最も洗脳されている。そう言わざるを得ない状況にあります。

移民問題も例外ではないのです。

外国人観光客が戻ってきてくれた、と。既存メディアは「コロナ騒動以来多くの旅館業が廃業してたいへんな状況だったが、おかげでなんとか活気を取り戻した」という論調で報道しています。

しかし、いいことには必ず落とし穴がある。昔からわれわれは、そういうことをなんとなく感じています。古からの常識です。その常識すら、いまはなくなっているような気がしてなりません。

いいことばかりが続くのならば、世の中がこんなに悪くなっているはずがないのです。そのことに気づくだけでも、私は大きな進歩だと思います。――やや失礼な言い方ですが、多くの人がいま、それに気づけないでいる。戦後80年の洗脳がここまで来てしまったのです。

政党政治時代の終焉

さまざまな機会に強調してきましたが、政党政治の時代は終わりました。自民党も含めて、どの既存政党にも期待できないのが証拠です。終わっているとはいえ、すぐに明日から日本から政党が消えるわけではないですが――。

先般のＬＧＢＴ理解増進法の強行採決を思い出してください。

政党政治の意味は色あせています。いまの政治情勢を見ていれば、政党政治の時代が終わったことはひしひしと感じられるはずですし、感じなければいけない。そして、政党政治に代わるものは何かということをわれわれ自身が考えて実践していかなければならないと思うのです。

私は自民党の有志の方に反対してもらいたかった。

反対した方はほんの2、3名しかいなかった。その人たちも自民党を飛び出してはいない。飛び出してほしかった。そして、新しい政治勢力を結集してほしかった。でも、それができないのです。

それはなぜか。政党政治のしがらみ、利権です。残念ながら、そういう状況にあります。われわれが大なり小なり利権というものに対してがんじがらめになってきた戦後80年、安倍総理の「日本を取り戻す」には、「それを脱却しろ」という意味も込められていると思えてなりません。

それを脱却しないと日本を取り戻すことはできない。繰り返しますが「日本を取り戻す」とは、日本の「主権」を取り戻すということです。

それができていない。戦後レジームを脱却するというのは、安倍総理亡き後の私たちに残された最大の課題です。

そして今年、2024年は希望か、もしくは絶望か、という2択の年です。

希望とはどういうことか。

これはアメリカが立ち直ることです。アメリカが立ち直る唯一の方法は、第47代アメリカ大統領選挙でトランプ氏が大統領に復帰すること。現在、共和党内では、トランプ前大統領が支持率でほかの候補者を大きく引き離しています。

では、絶望は何か。トランプ氏が大統領に就任できなくなる、あるいは大統領選挙に出られなくなる、そういう事態になることです。それが2024年のターニングポイント、いいえ、それ以降の世界の運命を分ける最大の出来事です。

希望の目が出て、トランプさんが復権したときに、日本はどうなるのかということを、岸田総理は考えていない。閣僚も考えていない、国民の多くも考えていない——。そういう状況だと思います。まさに「亡国」なのです。

絶望の目が出るとどうなるか。2024年以降、日本有事となる可能性がさらに高まります。ちなみに、希望の目が出てトランプ氏が大統領に就任したら、岸田内閣そのものが有事になります。岸田内閣は存続し得なくなる。

これはあたりまえです。ネオコン勢力との闘いというか、DSとの闘いにトランプ氏が勝利したことになりますから。そうすると、DSと運命をともにする岸田政権の命運も尽きるわけです。ただ、それはだれでもわかること。

逆に、もしそうならなかった場合はどうなのかということです。考えられるのはウクライナ戦争、イスラエル・ハマス戦争に続く新たな戦争がどこかで起こる。東欧、中東ときたら東アジアである可能性は高い。

そのためにというのは変な言い方ですが、2023年8月18日にキャンプデービッドで三首脳会談がありました。なぜあんな時期にわざわざキャンプデービッドにバイデン、岸田、伊大統領、日米韓の首脳が集まる必要があったのか。2024年以降の朝鮮半島有事をにらんだ会談だったと私は考えています。つまり、1950年の再来です。歴史は同じパターンで繰り返す。なぜ同じ謀略が繰り返されるのか。答えは簡単です。歴史を背後から操っている勢力が、ここ100年、同じであるからです

そのとき、日本人はどうするか。

思考を止めて家畜として生きるのか――。

私たち一人ひとりがそれを考える時期がきたということです。

第2章

日本人としての軸

日本人としての軸

国際情勢の欺瞞は公開情報だけで十分見抜けると私は常々申し上げてきました。そのためには歴史を知ることが大切です。それは「歴史は繰り返す」からです。

では、近代史を隅々まで学べばいいのか？

もちろん、そこまでしなくても大丈夫です。俯瞰して大枠の流れをつかむのが重要です。歴史のディテールにこだわりすぎて、調べすぎても納得できる答えはありません。場合によっては知識欲で大局を見失い、知識顕示欲を振りかざす「近代史マニア」になってしまうことも十分にあり得ます。

では、国際情勢、国内の情勢を問わず、欺瞞を見抜くためにもっとも重要なことはなんでしょうか？　公開情報は材料（マテリアル）です。歴史観は知識（データベース）、その情報の裏を読んだり、順番を入れ替えたり、日本語の言い回しを指摘したりするといった行為は手順（プロセス）であり技術（テクニック）です。

実は、もう一つ肝心要な要素があります。

軸（アイデンティティ）です。おわかりですね。日本人としての「軸」を持っていなければ、われわれに降りかかる厄災と欺瞞は見抜けない。

私がこの「軸」について本格的に言及するのは2015年に出版した『日本「国体」の真実』(ビジネス社)以来ですが、みなさんもご承知のとおり、この9年で状況はさらに最悪になりました。正直、現政権を「亡国の政権」、メディアで活躍する言論人を「ビジネス保守」と評する日など来てほしくはなかった。

先にも言及しましたが、「いよいよ日本有事が近づいた」などというと、みなさんのまわりの方々はどのような反応をされるでしょうか？

「そんなことはあり得ない」と笑い飛ばす人ばかりでしょう。

メインストリーム・メディアの情報を積極的に吸収している方だったら、「いやいや、その前に台湾有事だよ」と、あなたに丁寧に解説してくれるかもしれません。

つまり、多くの日本人がアメリカの同盟国の日本が戦争に巻き込まれることはあり得ないと考えている。

そんな悠長な思考でいられるほど日本は安泰ではないし、可及的速やかに私たちが精神武装しなくてはならないのはこれまでお話ししてきたとおりです。

こんな状態になっても国民の多くが「日本は民主主義国家だ」と信じて疑わないの

ですから、これぞまさに洗脳と家畜化の成果でしょう。未曾有の国難を迎えたいまこそ、軸を取り戻さなければなりません。

大東亜戦争が始まる数年前（１９３７年）に、当時の混乱する思想界への警告として『國體の本義』が編纂されました。当時のわが国の諸混乱の原因である外来思想を國體の本義に基づいて醇化し、日本の国情に合うように土着化して、新たな日本文化を創造することを訴えています。

但書きに「本書は國體を明徴にし、國民精神を涵養振作《かんようしんさく》すべき刻下の急務に鑑みて編纂した」と記された『國體の本義』の緒言の冒頭をご紹介します。

我が國は、今や國運頗る盛んに、海外發展のいきほひ著しく、前途彌々多望な時に際會してゐる。産業は隆盛に、國防は威力を加へ、生活は豐富となり、文化の發展は諸方面に著しいものがある。夙に支那・印度に由來する東洋文化は、我が國に輸入せられて、惟神《かむながら》の國體に醇化せられ、更に明治・大正以來、歐米近代文化の輸入によつて諸種の文物は顯著な發達を遂げた。文物・制度の整備せる、學術の一大進歩をなせる、思想・文化の多彩を極むる、萬葉歌人をして今日にあらしめば、再び「御民《みたみ》吾生ける驗《しるし》あり天地の榮ゆる時にあへらく念《おも》へば」と謳ふであらう。明治維新の鴻業により、舊來の陋習を破り、封建的束縛を去つて、國民はよくその志を遂げ、その分を竭くし、爾來七十年、以て今日の盛事を見るに至つた。

併しながらこの盛事は、靜かにこれを省みるに、實に安穩平靜のそれに非ずして、内に外に波瀾萬丈、發展の前途に幾多の困難を藏し、隆盛の内面に混亂をつゝんでゐる。即ち國體の本義は、動もすれば透徹せず、學問・教育・政治・經濟その他國民生活の各方面に幾多の缺陥を有し、伸びんとする力と混亂の因とは錯綜表裏し、燦然たる文化は内に薫蕕《くんいう》を併せつゝみ、こゝに種々の困難な問題を生じてゐる。今や我が國は、一大躍進をなさんとするに際して、生彩と陰影相共に現れた感がある。併しながら、これ飽くまで發展の機であり、進歩の時である。我等は、よく現下内外の眞相を把握し、據つて進むべき道を明らかにすると共に、奮起して難局の打開に任じ、彌々國運の伸展に貢獻するところがなければならぬ。

刻下の急務に鑑みて——これは、いま私たちが実践しなければならない状況と同じです。常々申し上げておりますが、もう時間がない。ここからは本書も現実の世界情勢から視点を動かし、日本人の軸、日本の國體についてを再確認していきたいと思います。

権威と権力

ご承知のとおり、西洋型民主政治の鉄則は三権分立です。

つまり、行政、立法、司法の三つの権力が互いに牽制することによって、それぞれの権力の横暴、行きすぎを抑えるというもの。

教科書ではこれを理想的な権力形態のように教えますが、権力を互いに対立するものとして捉えていることが大いに問題なのです。

人は放任すれば互いに対立、闘争するものであるから、勝手な振る舞いができないように縛っておくという発想。これはユダヤ・キリスト教文化圏の政治思想の根幹である性悪説をベースにしています。

彼らは、「人間は神にそむいた原罪ゆえに絶えず神の意に背かないようにチェックしていなければならない」と考えるのです。これがつまり、日本人の軸とは相容れないのです。日本の古からの政治形態は、互いに監視、牽制させることにより、力を拮抗させてバランスをとる方式などではないからです。

日本の伝統的な政治形態は三権分立ではなく「権威」と「権力」という二権構造で

す。西洋的な見方をすれば「権力」の行きすぎを「権威」が牽制すると捉えて、「対立構造じゃないか！」と怒鳴ってきそうですが、実はまったく違います。

権威と権力は対立する存在ではないということです。

権威と権力はそもそも役割が違う。両者はそれぞれを分担しているので、牽制対象ではないということです。

これはけっして言葉遊びやレトリックではありません。

後述しますが、西洋的価値観である性悪説と契約社会、日本的価値観である性善説と信用社会の根本的な違いは、旧約聖書における神（ヤハウェ）と預言者と人間との関係、そして記紀の世界観における神（天照大御神）と天皇と人間との関係をひもとく必要があり、そしてわれわれの「軸」をあらためて腑に落とすべきなのです。

話を戻して、まずは現代日本における権力と権威とは何か？

現代社会において権力とは、単に行政、立法、司法のいわゆる三権だけではありません。そこに財界、マスメディア、オピニオンリーダーが加わることによって構成されています。現状の権力が惨憺《さんたん》たる状態なのはご承知のとおりですが、さらりと再確認しておきましょう。

●日本を売り渡した岸田首相
●LGBT理解増進法を強行採決した自民党議員
●多様性・多文化共生を推進する地方自治体
●中国共産党におもねる財界
●DSの広報（プロパガンダ）機関として洗脳を続けるマスメディア
●モンスタークレーマーと化した左翼リベラル言論人（オピニオンリーダー）
●ウクライナは善、ロシアは悪のビジネス保守言論人（オピニオンリーダー）

まさに「権力」が揃って日本の國體を揺るがし、破壊に邁進している状態です。
では、もう一方の「権威」とは何か？
権威とは、天皇陛下です。そして天皇陛下を支える国民もまた権威の一部です。
「国民も権威？」と疑問に思われるかもしれません。
日本国憲法第一条を見てみましょう。

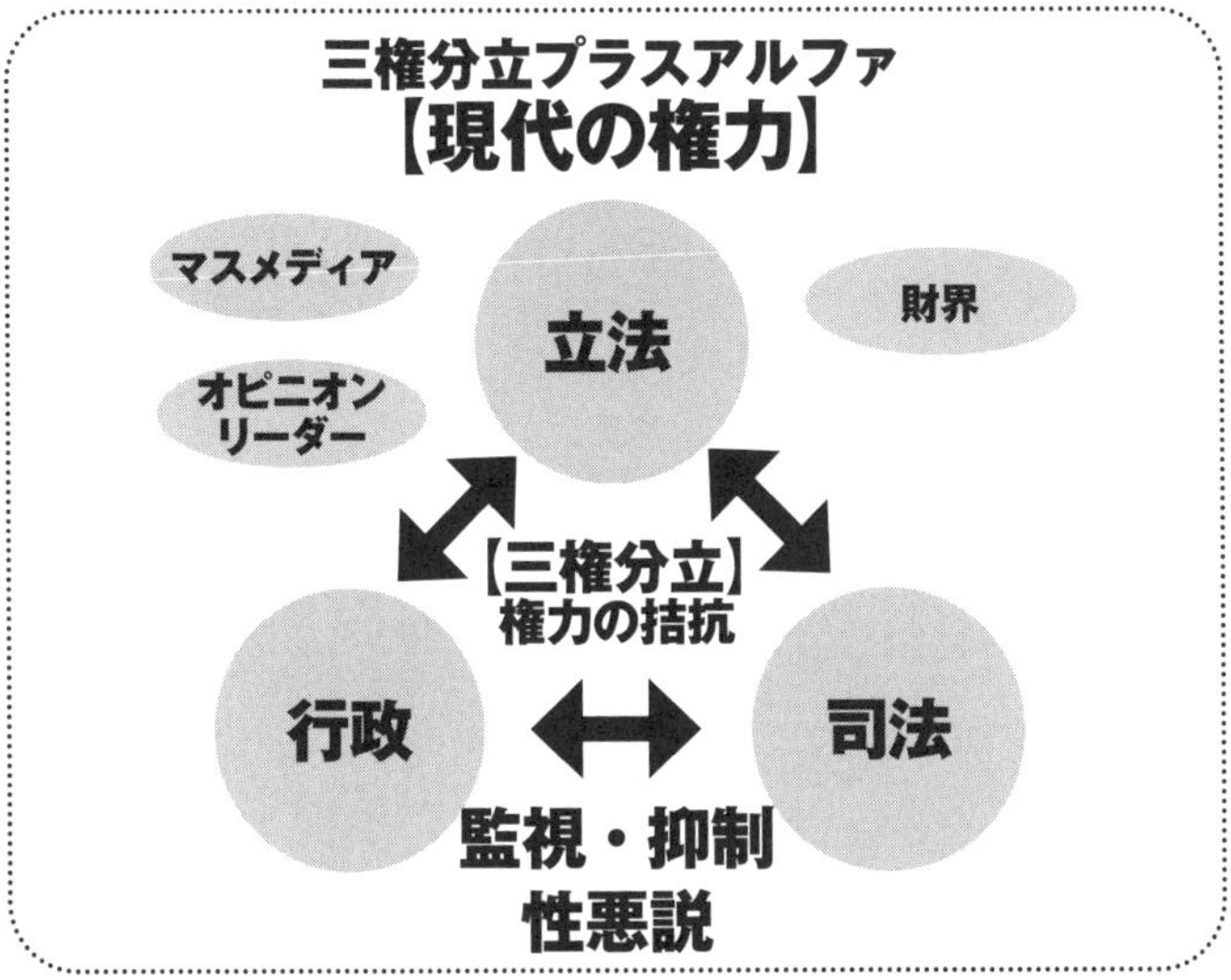
三権分立プラスアルファ
【現代の権力】
マスメディア
オピニオンリーダー
立法
財界
【三権分立】
権力の拮抗
行政
司法
監視・抑制
性悪説

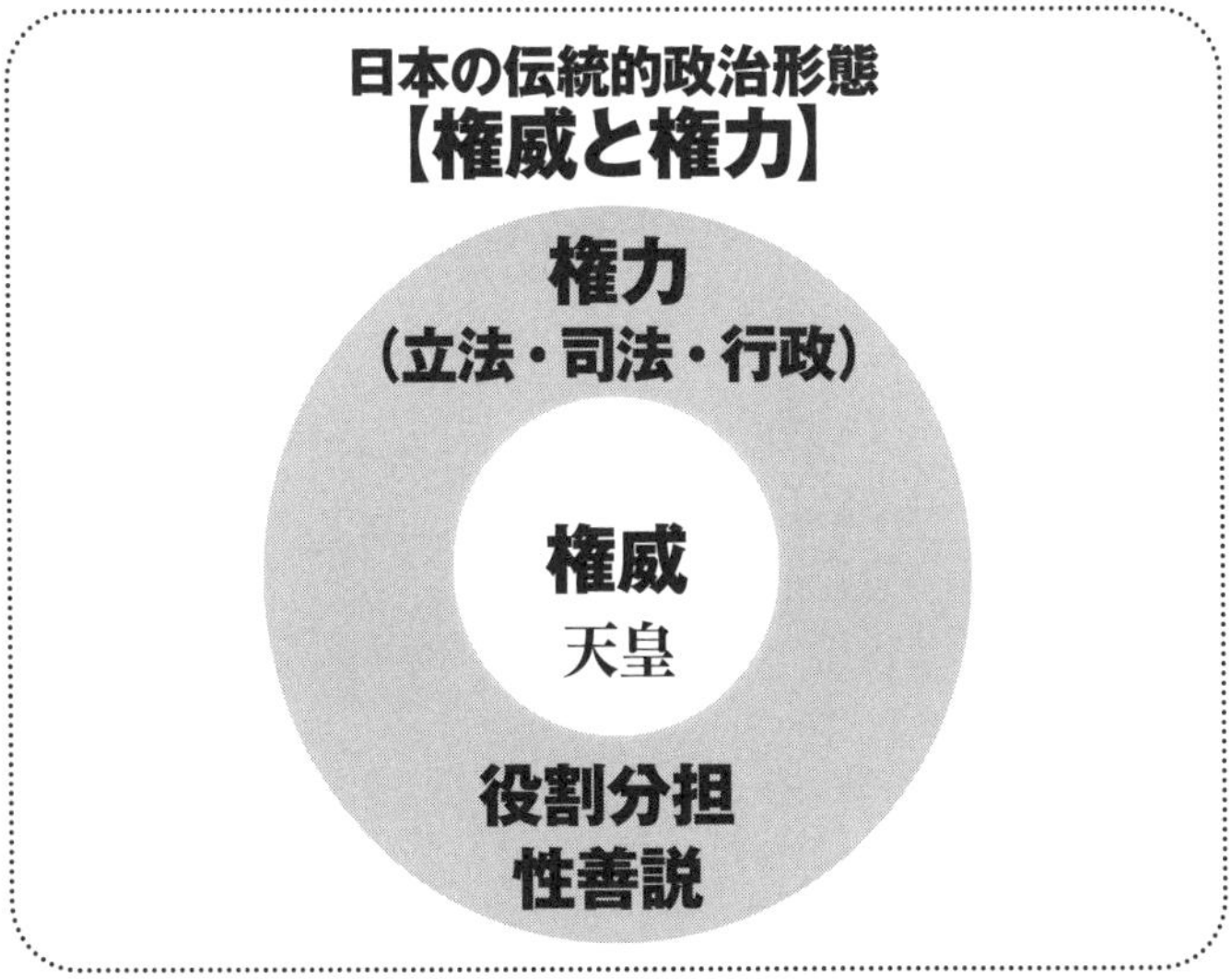
日本の伝統的政治形態
【権威と権力】
権力
（立法・司法・行政）
権威
天皇
役割分担
性善説

第一条　天皇は、日本国の象徴であり日本国民統合の象徴であつて、この地位は、主権の存する日本国民の総意に基く。

通常、憲法の第一条には国のあり方、國體の神髄が記されます。いわゆる建国の理念です。わが国の建国の理念は、天皇陛下の存在であり（日本国の象徴）、天皇陛下のもとに国民が一致団結していること（日本国民統合の象徴）であることです。

そして、日本国の象徴でありまた日本国民統合の象徴であるという天皇陛下の地位が、主権の存する国民の総意に基づくということは、国会の法律によってこの地位を変更することはできないという意味なのです。

「国民の総意」とは、数字的な確認事項ではありません。皇統の継続に対する国民の信仰、民族全体の「思い」ということです。

そして、「国民の総意」は、いま生存している国民だけのものではありません。時間軸を考慮すれば過去の国民も将来の国民も加わる。ゆえにこの信仰を法律で規制することはできないし、してはならないと捉えるべきなのです。

「国民の総意」を理解するためには、大日本帝国憲法第三条を知っておく必要があります。

第三条　天皇ハ神聖ニシテ侵スヘカラス

左翼的な解釈だと、「天皇の地位は不可侵とは何事だ」「天皇の行為は責任を問われないのか」と故意に曲解しますが、それはまったく違います。

これは国民の幸せを日々祈っておられる天皇陛下を得て、日本が一つにまとまっている状態を表現しています。そのまとまった状態を侵してはいけないということです。

『國體の本義』に同様のことが記されています。

天皇は、外国の所謂元首・君主・主権者・統治権者たるに止まらせられる御方ではなく、現御神《あきつみかみ》として肇国以來の大義に随って、この国をしろしめし給ふのであって、第三条に『天皇ハ神聖ニシテ侵スヘカラス』とあるのは、これを昭示せられたものである。（『國體の本義』）

「肇国《ちょうこく》以来の大義」とは、「高天原の大御心《おおみこころ》にしたがって国を治める」ことです。天皇陛下のお心を大御心といいます。そして歴代天皇にとって国民は大御宝《おおみたから》という存在です。繰り返しになりますが、天皇陛下が神聖なのはこの「大御心」と一体となって日本を一つにまとめておられるからなのです。

ではなぜ天皇陛下のもとに国民がまとまっているのでしょうか。

天皇陛下と高天原の神々は直結しておられ、また国民も先祖をたどってゆけば高天原の神々に行きつくからに他なりません。天皇陛下とわれわれ国民の間に連続性が存在する。ゆえに天皇陛下と国民は同胞であり、運命共同体であるということです。「天皇ハ神聖ニシテ侵スヘカラス」とは、このような天皇と国民との運命共同体を壊してはいけないということ。したがって、国民の総意に基づく天皇の地位は、日本という国家が存続する限り不変なのです。

このことは、大日本帝国憲法第一条と対比すると、より明確になります。

第一条　大日本帝国ハ万世一系ノ天皇之ヲ統治ス

この「統治ス」の部分は井上毅《こわし》の原案では、「治《しら》ス所ナリ」となっていたのを、草案最終責任者の伊藤博文が一般にわかりづらいとして、「統治ス」に修正したものです。

井上毅は古事記や日本書紀を読み込んで原案を作ったのですが、つまり、記紀の記述に則って書かれていたのです。天皇陛下は日本国を公平にまとめる存在であるということが、明治憲法の原案にも書いてあった。しかし、漢字を当てた大和言葉である「しらす」を、伊藤博文がニュアンスの異なる「統治」という熟語に変えてしまった。

振り返って考えるとこれは改悪でした。なぜなら「統治」では一般に国を支配すること（govern）の意味に取られてしまい、あたかも天皇が主権者であるかのような誤解を与えることになったからです。現にそれは、そのように理解されてきた歴史があります。原案の「しらす」は天皇の地位を正確に表現した言葉です。「しらす」の意味を伝統的価値観に基づいて理解するために、記紀《きき》の「天壌無窮《てんじょうむきゅう》の神勅」を再確認してみましょう。

この豊葦原《とよあしはら》の水穂《みづほ》の國は、汝《いまし》知らさむ國ぞと言依《ことよ》さしたまふ（古事記）

皇孫《すめみま》に勅《みことのり》して曰《のたま》はく、
葦原《あしはら》の千五百秋《ちいほあき》の瑞穂《みつほ》の国は、是《これ》、吾《あ》が子孫《うみのこ》の王《きみ》たるべき地《くに》なり。
爾皇孫《いましすめみま》、就《い》でまして治《しら》せ。行矣《さきくませ》、宝祚《あまのひつぎ》の隆《さか》えまさむこと、当《まさ》に天壌《あめつち》と窮《きはま》り
無《な》けむ（日本書紀）

天照大御神の孫である瓊瓊杵尊《ににぎのみこと》がこの地上世界に下られるときに、天照大御神は地上世界を治（知）せと命じています。要するに、天照大御神は瓊瓊杵尊に対し、日本を一つにまとめるように努めよと言われた。

重要なことは、単に民を平定するだけではなく、産業（米作）を興して国を安定させてこそ、国が一つにまとまることになると考えられていたことです。

私は現行の昭和憲法、日本国憲法の成り立ちに納得しているわけではありません。しかし、この解釈を間違うと、日本の國體を見誤るのです。

日本国憲法は原文はＧＨＱが作り、彼らが言う「シンボル」を象徴と訳したのですが、天孫降臨以来、一切変わっていない天皇陛下の役割を、戦後の環境下で「象徴」

という言葉に凝縮したと解釈しなければ、この日本国憲法をもって日本には革命が起こったということになる。つまり、天皇陛下の役割を変えてしまったということ。

しかし、今の天皇陛下に関わる議論はそれを知ってか知らずか、むしろ知らずに議論している傾向が強い。「象徴だ、象徴だ」と、そこを強調している。そして保守系と称する知識人も、さらには憲法学者も「象徴の意味は何なのか」という議論に終始する。しかし、これは西洋的価値観でいくら議論を続けても答えは出てこないし、出てくるはずもないのです。

しかし古事記に遡《さかのぼ》れば、答えは簡単に出てくるのです。

専門家や知識人は「象徴天皇」があたかも現行憲法によって新たに定められた天皇のあり方であるといった誤った解釈をして憚りません。

しかし、歪曲を取り去り、伝統に基づけば天皇の役割は瓊瓊杵尊の降臨以来何も変わっていないとわかるのです。

そして日本において天皇陛下が権威であり、そして天皇陛下を支える国民もまた権威の一部ということも不変なのです。

天孫降臨とモーセの十戒

天皇陛下が国民統合の象徴であることを国民が信じられるのは、神武天皇以来今日まで百二十六代の天皇と国民の間には対立がなく、固い紐帯《ちゅうたい》が存在していたという歴史的事実があるからです。

国民と天皇の信頼関係を示すものとして、かつて天皇がお住まいであった京都御所には堀も城壁も櫓もないことがあげられます。そこが権力の執行者である将軍や大名とは大きく異なります。

歴代天皇は国民に対してはまったくの無防備であったのです。国民が御所を襲撃するということは、まったく想定されていなかったといえるでしょう。

また、国民にとって天皇は国民一人ひとりの幸せを祈ってくれる存在です。天皇が国民を迫害、弾圧することはあり得なかったのです。

旧約聖書を読めば、「神（天照大御神）―天皇―民」の関係と、「神（ヤハウェ）―預言者―民」の関係がまったく違うものであるとわかります。

旧約聖書の世界では、ヤハウェは預言者を介して民（ヘブライ人）に契約を求めます。約束の地を与え、奇跡を与え、生存を保証する見返りとして、「私だけを信仰しろ」ということです。そしてさまざまな約束を課します。

約束を破った場合はどうなるか?

恐ろしいことですが、ヤハウェとの契約違反の代償は生存権の剝奪です。

旧約聖書の申命記の記述をひもといてみましょう。

【申命記　第8章1】
わたしが、きょう、命じるこのすべての命令を、あなたがたは守って行わなければならない。そうすればあなたがたは生きることができ、かつふえ増し、主があなたがたの先祖に誓われた地にはいって、それを自分のものとすることができるであろう。

【申命記　第8章19、20】
もしあなたの神、主を忘れて他の神々に従い、これに仕え、これを拝むならば、わたしは、きょう、あなたがたに警告する。あなたがたはきっと滅びるであろう。主があなたがたの前から滅ぼし去られる国々の民のように、あなたがたも滅びるであろう。あなたがたの神、主の声に従わないからである。

神は「警告」し、「滅び」をほのめかします。

ヘブライ人を率いて出エジプトの途上にあったモーセは、シナイ山でヤハウェから十戒を授けられます。しかし、モーセがシナイ山に登ってなかなか帰ってこないため、不安になったヘブライ人たちは子牛の像をつくり祭壇を築いて燔祭《はんさい》をささげ、宴会を始めます。それを見たヤハウェは怒りを表します。

【出エジプト記　第32章7〜10】
主はモーセに言われた、「急いで下りなさい。あなたがエジプトの国から導きのぼったあなたの民は悪いことをした。彼らは早くもわたしが命じた道を離れ、自分のために鋳物の子牛を造り、これを拝み、これに犠牲をささげて、『イスラエルよ、これはあなたをエジプトの国から導きのぼったあなたの神である』と言っている」。主はまたモーセに言われた、「わたしはこの民を見た。これはかたくなな民である。それで、わたしをとめるな。わたしの怒りは彼らにむかって燃え、彼らを滅ぼしつくすであろう。しかし、わたしはあなたを大いなる国民とするであろう」。

つまり、ヤハウェからすれば、人はほおっておくとすぐに法に背く存在ということです。繰り返しますが、旧約聖書の世界観においては、ヤハウェとの契約を破ることは滅びを意味します。

救済と断罪は表裏一体で、非常に緊張感のある契約関係といえます。しかし、ヘブライ人は王から民までひんぱんに約束を破るのです。シナイ山でモーセがヤハウェから授かった十戒（出エジプト記20章3～17）を見てみましょう。

【十戒】

①あなたはわたしのほかに、なにものをも神としてはならない。

②あなたは自分のために、刻んだ像を造ってはならない。上は天にあるもの、下は地にあるもの、また地の下の水のなかにあるものの、どんな形をも造ってはならない。それにひれ伏してはならない。それに仕えてはならない。あなたの神、主であるわたしは、ねたむ神であるから、わたしを憎むものは、父の罪を子に報いて、三、四代に及ぼし、わたしを愛し、わたしの戒めを守るものには、恵みを施して、千代に至るであろう。

③あなたは、あなたの神、主の名を、みだりに唱えてはならない。主は、み名をみだりに唱えるものを、罰しないでは置かないであろう。

④安息日を覚えて、これを聖とせよ。六日のあいだ働いてあなたのすべてのわざをせよ。七日目はあなたの神、主の安息であるから、なんのわざをもしてはならない。あなたもあなたのむすこ、娘、しもべ、はしため、家畜、またあなたの門のうちにいる他国の人もそうである。

主は六日のうちに、天と地と海と、その中のすべてのものを造って、七日目に休まれたからである。それで主は安息日を祝福して聖とされた。
⑤あなたの父と母を敬え。これは、あなたの神、主が賜わる地で、あなたが長く生きるためである。
⑥あなたは殺してはならない。
⑦あなたは姦淫してはならない。
⑧あなたは盗んではならない。
⑨あなたは隣人について、偽証してはならない。
⑩あなたは隣人の家をむさぼってはならない。隣人の妻、しもべ、はしため、牛、ろば、またすべて隣人のものをむさぼってはならない。

この「~してはならない」という禁忌の羅列が、私たちの伝統的価値観と大きく違うところです。安息日を守ることと父母を敬うこと以外はすべて「~してはならない」という指示です。さらに、出エジプト記31章14の記述を見ると、安息日についてもヤハウェは生存か滅亡かの二択を迫っています。

【出エジプト記31章14】
それゆえ、あなたがたは安息日を守らなければならない。これはあなたがたに聖なる

日である。すべてこれを汚す者は必ず殺され、すべてこの日に仕事をする者は、民のうちから断たれるであろう

日本においては天照大御神から瓊瓊杵尊が授かった天壌無窮《てんじょうむきゅう》の神勅に代表される三大神勅は禁忌ではありません。繁栄のための指針です。そして、以降に掲示する聖徳太子の十七条の憲法も、明治天皇の五箇条の御誓文、教育勅語も前向きな教えなのです。

【十七条の憲法】（日本書紀　巻第二十二）

夏四月《なつうづき》の丙寅《ひのえとら》の朔戊辰《ついたちつちのえたつのひ》に、皇太子、親《みづか》ら肇《はじ》めて憲法十七条《いつくしきのりとをあまりななをち》作《つく》りたまふ。

一《ひとつ》に曰《い》はく、和《やはら》ぐを以て貴《たふと》しとし、忤《さか》ふること無きを宗《むね》とせよ。人皆党《たむら》有り。亦達《またさと》る者少し。是《これ》を以て、或いは君父《きみかぞ》に順はず。乍隣里《またさととなり》に違《たが》ふ。然《しか》れども、上《かみ》和ぎ下睦《しもむつ》びて、事を論《あげつら》ふに諧《かな》ふときは、事理《こと》自《おの》づからに通《かよ》ふ。何事か成らざらむ。

二《ふたつ》に曰はく、篤《あつ》く三宝を敬へ。三宝とは仏《ほとけ》・法《のり》・僧《ほふし》なり。則ち四生《よつのうまれ》の終帰《をはりのよりどころ》、万《よろづ》の国の極宗《きはめのむね》なり。何《いづれ》の世、何の人か、是《こ》の法《みのり》を貴《たつと》ひずあらむ。人、尤《はなはだ》悪しきもの鮮《すくな》し。能《よ》く教《おし》ふるをもて従ふ。其れ三宝に帰《よ》りまつらずは、何を以てか枉《まが》れるを直《ただ》さむ。

三《みつ》に曰はく、詔《みことのり》を承《うけたまは》りては必ず謹め。君《きみ》をば天《あめ》とす。臣《やつこらま》をば地《つち》とす。天は覆《おほ》ひ地は載《の》す。四時《よつのとき》順《したが》ひ行《おこな》ひて、万気《よろづのしるし》通ふこと得《う》。地、天を覆はむとするときは、壊《やぶ》るることを致さむ。是《ここ》を以て、君言《の》たまふことをば臣承る。上《かみ》行ふときは下靡《しもなび》く。故《かれ》、詔を承りては必ず慎め。謹まずは自づから敗れなむ。

四《よつ》に曰はく、群卿百寮《まへつきみたちつかさつかさ》、礼《ゐやび》を以て本《もと》とせよ。其れ民《おほみたから》を治むるが本、要ず礼に在り。上礼なきときは、下斉《ととのほ》らず、下礼無きときは、必ず罪有り。是を以て、群臣《まへつきみたち》礼有るときは、位の次《ついで》乱れず。百姓《おほみたから》礼有るときは、国家《あめのした》自づからに治《をさま》る。

五《いつつ》に曰はく、餐《あぢはひのむさぼり》を絶ち、欲《たからのほしみ》することを棄てて、明《あきらか》に訴訟《うたへ》を弁《さだ》めよ。其れ百姓の訟《うたへ》、一日《ひとひ》に千事《ちわざ》あり。一日すらも尚爾《なほしか》るを、況《いはむ》や歳を累《かさ》ねてをや。頃訟《このごろうたへ》を治むる者《ひとども》、利《くほさ》を得て常とし、賄《まひなひ》を見ては讞《ことわりまう》すを聴く。便《すなは》ち財《たから》有るものが訟は、石をもて水に投ぐるが如し。乏《とも》しき者《ひと》の訴は、水をもて石に投ぐるに似たり。是を以て貧しき民《おほみたから》は、所由《せむすべ》を知らず。臣の道亦焉《みちまたここ》に闕《か》けぬ。

六《むつ》に曰はく、悪《あしきこと》を懲《こら》し善《ほまれ》を勧むるは、古《いにしへ》の良き典《のり》なり。是を以て人の善を匿《かく》すこと无《な》く、悪を見ては必ず匡《ただ》せ。其れ諂《へつら》ひ詐《あざむ》く者は、国家を覆す利《と》き器《うつはもの》なり、人民《おほみたから》を絶つ鋒《と》き剣なり。亦佞《またかだ》み媚《こ》ぶる者、上に対《むか》ひては好みて下の過《あやまり》を説き、下に逢ひては上の失《あやまち》を誹謗《そし》る。其れ如此《これら》の人、皆君《みなきみ》に忠无《いさをしさな》く、民《おほみたから》に仁《めぐみ》无《な》し。是《これ》大きなる乱《みだれ》の本なり。

七《ななつ》に曰はく、人各任《おのおのよさし》有り。掌《つかさど》ること濫《みだ》れざるべし。其れ賢哲官《さかしひとつかさ》に任《よさ》すときは、頌《ほ》むる音《こゑ》則ち起る。奸《かだま》しき者官《ひとつかさ》を有《たも》つときは、禍乱《わざはひみだれ》則ち繁《しげ》し。世に生れながら知るひと少なし。剋《よ》く念《おも》ひて聖《ひじり》と作《な》る。事に大きなり少《いささけ》き無く、人を得て必ず治《おさま》らむ。時に急《と》き緩《おそ》きこと無し。賢《さかしひと》に遇《あ》ひて自《おの》づからに寛《ゆるるか》なり。此《これ》に因《よ》りて国家永久《あめのしたとこめづち》にして、社稷《くに》危《あやふ》からず。故《かれ》、古の聖王《ひじりのきみ》、官《つかさ》の為に人を求めて、人の為に官を求めず。

八《やつ》に曰はく、群卿百寮《まへつきみたちつかさつかさ》、早く朝《まゐ》りて晏《おそ》く退《まか》でよ。公事《おほやけのわざ》盬靡《いとな》し。終日《ひねもす》に尽し難し。是《ここ》を以《も》て、遅く朝るときは急《すむやけ》きに逮《およ》ばず。早く退づるときは必ず事《わざ》尽きず。

九《ここのつ》に曰はく、信《まこと》は是義《ことわり》の本《もと》なり。事毎《ことごと》に信有るべし。其れ善悪成敗《よさあしさなりならぬこと》、要《かなら》ず信に在り。群臣《まへつきみたち》共に信あらば、何事か成らざらむ。群臣信无《な》くは、万《よろづ》の事悉《わざことごとく》に敗れむ。

十《とを》に曰はく、忿《こころのいかり》を絶ち瞋《おもへりのいかり》を棄てて、人の違《たが》ふことを怒らざれ。人皆心有り。心各《おのおの》執《と》れること有り。彼是《かれよみ》すれば我は非《あしみ》す。我是《われよみ》すれば彼は非す。我必ず聖《ひじり》に非《あら》ず。彼必ず愚《おろか》に非ず。共に是凡夫《これただひと》ならくのみ。是《よ》く非《あし》き理《ことわり》、詎《たれ》か能《よ》く定《さだ》むべけむ。相共《あひとも》に賢く愚なること、鐶《みみかね》の端《はし》无《な》きが如し。是を以て、彼人《かれひと》瞋《いか》ると雖《いふと》も、還りて我が失《あやまち》を恐れよ。我独《ひと》り得たりと雖も、衆《もろもろ》に従ひて同じく挙《おこな》へ。

十一《とをあまりひとつ》に曰はく、功過《いさみあやまり》を明《あきらか》に察《み》て、賞《たまひもの》し罰《つみな》ふること必ず当てよ。日者《ひごろ》、賞は功に在《お》きてせず。罰《つみなへ》は罪に在きてせず。事を執れる群卿《まへつきみたち》、賞し罰ふることを明《あきら》むべし。

十二《とをあまりふたつ》に曰はく、国司《くにのみこともち》・国造《くにのみやつこ》、百姓《おほみたから》に斂《をさめと》らざれ。国に二《ふたり》の君非《きみあら》ず。民《おほみたからに》に両《ふたり》の主《あるじ》無し。率土《くにのうち》の兆民《おほみたから》は、王《きみ》を以て主《あるじ》とす。所任《よさせ》る官司《つかさみこともち》は、皆《みな》是王の臣《やつこらま》なり。何《いか》にぞ敢《あ》へて公《おほやけ》と、百姓に賦斂《をさめと》らむ。

十三《とをあまりみつ》に曰はく、諸《もろもろ》の官に任《よさ》せる者、同じく職掌《つかさこと》を知れ。或《ある》いは病《やまひ》し或は使《つかひ》として、事を闕《おこた》ること有り。然《しか》れども知ること得る日には、和《あまな》ふこと曾《むかし》より識《し》れる如《ごと》くにせよ。其《そ》れ与《あづか》り聞かずといふを以て、公の務《まつりごと》をな防《さまた》げそ。

十四《とをあまりよつ》に曰はく、群臣百寮《まへつきみたちつかさつかさ》、嫉《うらや》み妬《ねた》むこと有ること無《なか》れ。我既《すで》に人を嫉むときは、人亦《また》我を嫉む。嫉み妬む患《うれへ》、其の極《きはまり》を知らず。所以《このゆゑ》に、智己《さとりおのれ》に勝るときは悦《よろこ》びず。才《かど》己に優るときは嫉妬《ねた》む。是を以て、五百《いほとせ》にして乃今賢《いましいまさかしひと》に遇《あ》ふ。千載《ちとせ》にして一《ひとり》の聖を待つこと難《かた》し。其《そ》れ賢聖《さかしひとひじり》を得ずは、何を以てか国を治めむ。

十五《とをあまりいつつ》に曰はく、私《わたくし》に背《そむ》きて公《おほやけ》に向《ゆ》くは、是《これ》臣《やつこらま》が道なり。凡《すべ》て人私有るときは、必ず恨《うらみ》有り。憾《うらみ》有るときは必ず同《ととのほ》らず。同《おなじか》らざるときは私《わたくし》を以《も》て公を妨《さまた》ぐ。憾起《おこ》るときは制《ことわり》に違《たが》ひ法《のり》を害《やぶ》る。故《かれ》、初《はじめ》の章《くだり》に云へらく、上下《かみしも》和《あまな》ひ諧《ととのほ》れ、といへるは、其《そ》れ亦《また》是《こ》の情《こころ》なるかな。

十六《とをあまりむつ》に曰はく、民《おほみたから》を使《つか》ふに時《とき》を以《も》てするは、古《いにしへ》の良き典《のり》なり。故、冬の月に間《いとま》有らば、以て民を使ふべし。春より秋に至るまでに、農《なりはひ》桑《こかひ》の節《とき》なり。民を使ふべからず。其《そ》れ農《なりはひ》せずは何《なに》をか食《くら》はむ。桑《こかい》せずは何をか服《き》む。

十七《とをあまりなな》に曰はく、夫《そ》れ事《こと》独《ひと》り断《さだ》むべからず。必ず衆《もろもろ》と論《あげつら》ふべし。少《いささけ》き事は是《これ》軽《かろ》し。必ずしも衆とすべからず。唯《ただ》大《おほ》きなる事を論ふに逮《およ》びては、若《も》しは失《あやまり》有ることを疑《うたが》ふ。故《かれ》、衆と相《あひ》弁《わきま》ふるときは、辞《こと》則ち理《ことわり》を得《う》。

(『日本書紀㈣』岩波文庫)

【五箇条の御誓文】

一、広く会議を興し万機公論に決すべし
一、上下心を一にして盛に経綸を行ふべし
一、官武一途庶民に至る迄各其志を遂げ人心をして倦ざらしめん事を要す
一、旧来の陋習を破り天地の公道に基くべし
一、智識を世界に求め大に皇基を振起すべし
我国未曾有の変革を為んとし
朕躬を以て衆に先じ天地神明に誓ひ
大に斯国是を定め万民保全の道を立んとす
衆亦此旨趣に基き協心努力せよ

明治元年三月十四日

【教育勅語】

朕惟フニ我カ皇祖皇宗國ヲ肇ムルコト宏遠ニ徳ヲ樹ツルコト深厚ナリ我カ臣民克ク忠ニ克ク孝ニ億兆心ヲ一ニシテ世世厥ノ美ヲ濟セルハ此レ我カ國體ノ精華ニシテ教育ノ淵源亦實ニ此ニ存ス爾臣民父母ニ孝ニ兄弟ニ友ニ夫婦相和シ朋友相信シ恭儉己レヲ持シ博愛衆ニ及ホシ學ヲ修メ業ヲ習ヒ以テ智能ヲ啓發シ徳器ヲ成就シ進テ公益ヲ廣メ世務ヲ開キ常ニ國憲ヲ重シ國法ニ遵ヒ一旦緩急アレハ義勇公ニ奉シ以テ天壤無窮ノ皇運ヲ扶翼スヘシ是ノ如キハ獨リ朕カ忠良ノ臣民タルノミナラス又以テ爾祖先ノ遺風ヲ顯彰スルニ足ラン
斯ノ道ハ實ニ我カ皇祖皇宗ノ遺訓ニシテ子孫臣民ノ倶ニ遵守スヘキ所之ヲ古今ニ通シテ謬ラス之ヲ中外ニ施シテ悖ラス朕爾臣民ト倶ニ拳拳服膺シテ咸其徳ヲ一ニセンコトヲ庶幾フ

明治二十三年十月三十日

御名御璽

これも日本という国柄の表れでしょう。

人間の性根の見方が「性悪説」に基づいておらず、良きことの「実践」に重きをおいていることがわかります。

君民一体と三大神勅

天孫降臨において天照大御神は瓊瓊杵尊に「国民を大御宝とし、米作りを隆盛させ、国を治らせば、豊葦原瑞穂の国（日本）は未来永劫栄えます」と言って高天原から地上世界に送り出しました。

これが高天原の神と豊葦原瑞穂の国に暮らす人との信頼関係で「君民一体」の根源です。天皇陛下と日本国民の信頼関係もそれと同一なのです。

「君民一体など戦前までの話でしょう」と思う人もいるかもしれません。

確かに、現代において国民が「君民一体」を感じる機会はほとんどないかもしれません。

２０１１年3月11日、東日本大震災が日本を襲いました。

天皇皇后両陛下は精力的に避難所、被災地に慰問に行かれ被災者に寄り添われました。両陛下のお出ましに、被災者の方々はただただ涙を流し感激したのです。それをTVで観た私自身も大きな感動を覚えました。これこそ「君民一体」の証明です。たとえ常日頃から天皇陛下のことを考えていなくても、いったんこのような国民の惨状が起こると、天皇と国民は瞬時に一体となれるのです。

これは理屈ではありません。自然で何者にも強制されない私たちの信仰なのです。国民の天皇に対する敬愛の思いは、GHQの占領行政を受け継いだ「戦後民主主義者」たちが、いかに天皇の意義を矮小化しようとしても、消せるものではない。

天孫降臨において天照大御神が瓊瓊杵尊に下した神勅は前出の「天壌無窮の神勅」のほかに「宝鏡奉斎《ほうきょうほうさい》の神勅」、「斎庭稲穂《ゆにわのいなほ》の神勅」があり、合わせて三大神勅と呼ばれています。

この三つの神勅は私たち日本人の「軸」を取り戻す生き方の指針となるべきものなのはご承知のとおりです。

では残りの二つは何を意味しているのでしょうか。

【宝鏡奉斎の神勅】

吾《わ》が児《こ》、此の宝鏡《たからのかがみ》を視《み》まさむこと、当に吾を視るがごとくすべし。与《とも》に床《ゆか》を同《おなじ》くし殿《おほとの》を共にして、斎鏡《いはひのかがみ》とすべし（日本書紀）

「宝鏡奉斎の神勅」は私たちの信仰の本質に関わる詔《みことのり》です。

天照大御神は瓊瓊杵尊に対して、この鏡を御霊としてわが身を拝むように常にまわりにおいて祀りなさい、と仰せになりました。

宝鏡とは三種の神器の一つである「八咫鏡《やたかがみ》」のことですが、この鏡は単なるモノではなく天照大御神の御霊《みたま》の依代《よりしろ》、つまり御霊が宿るところです。

三種の神器は八咫鏡、八尺瓊勾玉《やさかにのまがたま》と草薙剣《くさなぎのつるぎ》。八尺瓊勾玉は八咫鏡とともに天照大御神を天岩戸《あまのいわと》から外へ招きだした宝物です。草薙剣は須佐之男命《すさのおのみこと》が八俣遠呂智《やまたのおろち》を退治したときに八俣遠呂智の体内から発見された剣です。

天孫降臨以降、歴代の天皇陛下はこの三種の神器の継受を通して、天照大御神の御心を受け継ぎます。単に証として存在するモノではなく、高天原の精神世界と三次元世界、物質界を「つなぐもの」と捉えるべきでしょう。

天皇陛下は、我欲・我見という私心を祓《はら》って天照大御神の御心と一つになり、その御心で国家を治めるわけですが、言い換えるなら歴代天皇の中に天照大御神は生き続けてこられたということです。

つまり、天照大御神は現在も今上天皇とともに生き続けており、唯一無二の権威を有する存在として、日々国民の幸せと国家の安泰を祈っているということです。

私たちは天皇陛下の祈りが、「個人的祈り」ではないということを認識しなくてはなりません。天皇陛下はおよそ「私」の意識はお持ちでないのです。ゆえに、天皇陛下の「個人的意見」というものも存在しないといっていい。天皇の言葉は天照大御神の御心が反映されたものと解釈すべきなのです。

天壌無窮の神勅は天照大御神が瓊瓊杵尊にこの地上世界を「しらせ」と命じたものでした。産業（当時は農業）を興して民を豊かにし、国を安定させるために、天照大御神は斎庭の稲穂（つまり高天原で栽培している米の種籾）を瓊瓊杵尊に授け、「稲作を振興して国を栄えさせなさい、そうすれば、皇位は永遠に栄えることであろう」と諭されました。それが「斎庭稲穂の神勅」です。斎庭とは神をお招きし祀《まつ》るための祓い清めた場所のことです。

【斎庭稲穂の神勅】

吾が高天原に所御《きこしめ》す斎庭の穂を以て、亦吾が児に御《まか》せまつるべし（日本書紀）

この「斎庭稲穂の神勅」は、天壌無窮の精神を実現するうえでの不可欠の要素です。つまり、「天壌無窮の神勅」を実現するには、飢えることなくお腹いっぱい食べられる世界をつくらなければならない。そのための米作なのです。

稲作という国民の生産活動（現在では国民の経済活動全般）と皇位（日本国）が栄えることとは同義であるということです。

つまり、国民が栄えれば国が繁栄するということを確認しているのです。

明治に制定された「教育勅語」にも国民の義務として「天壌無窮ノ皇運ヲ扶翼《ふよく》スヘシ」と述べられていますが、その意味は「国民一人ひとりが自らの仕事の分を尽くせばよい」ということ。

その結果、日本という国は繁栄する――それが明治天皇の勅なのです。

これは日本人の勤労精神を見事に表しています。日本人の勤労姿勢は、いわゆる「忠」に通じるのです。忠は国民が常時自らの分を尽くし、職務に忠実に励むことによって実現されると『國體の本義』は説いています。

（前略）まことに政治にたづさはる者も、産業に従事する者も、将又、教育・學問に身を獻げる者も、夫々ほどほどに身を盡くすことは、即ち皇運を扶翼し奉る忠の道であつて、決して私の道ではない。（後略）（『國體の本義』）

難しい言い回しですが、これは皇運を扶賛する忠の道です。決して「私」の道ではない。これは非常に意味深いものを含んでいます。

逆に、国が繁栄すれば国民も栄えるということです。

このことは、『國體の本義』に引用されている明治天皇の御製《ぎょせい》（ここでは天皇の詠んだ和歌）に如実に表れています。

ほどほどにこゝろをつくす國民のちからぞやがてわが力なる
國のため身のほどほどに盡《つく》さなむ心のすゝむ道を學びて

「斎庭稲穂の神勅」は、国民みなが飢えることなく栄えていくことを目指していると述べました。つまり、グローバル金融資本主義経済がもたらす超格差社会とは真逆の概念なのです。国民一人ひとりが各々の役割の遂行に刻苦勉励することによって、自らの魂を磨き成長することと皇位が栄えることとは同義。私たちの経済活動もまた君民一体の精神の体現だったのです。

戦前の修身の教科書には第16代仁徳天皇が民家から竈の煙が出ていないことを嘆かれて、以後三年の間、税や労役を中止された逸話（出典：日本書紀）が必ず掲載されていました。

天皇は「斎庭稲穂の神勅」を実践する民百姓のことを「おおみたから」と呼んで大切にされたのです。この逸話からもわが国は建国以来、民を中心とする政治が行われていたことが感知できます。

では、日本書紀の第16代仁徳天皇の項を見てみましょう。

【仁徳天皇】（日本書紀　巻第十一）

四年の春二月《きさらぎ》の己未《つちのとのひつじ》の朔甲子《きのえねのひ》に、群臣《まへつきみたち》に詔《みことのり》して曰《のたま》はく、「朕《われ》、高台《たかどの》に登《のぼ》りて、遠《はるか》に望《みのぞ》むに、烟気《けぶり》、域《くに》の中《うち》に起《た》たず。以為《おも》ふに、百姓《おほみたから》既《すで》に貧《まづ》しくして、家に炊《いひかし》く者《ひと》無《な》きか。朕《われ》聞《き》けり、古《いにしへ》は、聖王《ひじりのきみ》の世《みよ》には、人人《ひとびと》、詠徳之音《ほむるこゑ》を誦《あ》げて、家毎《ごと》に康哉之歌《やすらかなりといふうた》有《あ》り。今《いま》朕、億兆《おほみたから》に臨《のぞ》みて、茲《こと》に三年《みとせ》になりぬ。頌音《ほむるこゑ》聆《きこ》えず。炊烟《いひかしくけぶり》転《いよいよ》疎《おろそか》なり。即《すなは》ち知りぬ、五穀《いつつのたなつもの》登《みの》らずして、百姓窮乏《せまりとも》しからむと。邦畿之内《うちつくに》すら、尚給《なほつ》がざる者《こと》有り。況《いはむ》や畿外諸國《とつくにぐに》をや」とのたまふ。

三月《やよひ》の己丑《つちのとのうし》の朔己酉《ついたちつちのとのとりのひ》に、詔《おほみことのり》して曰はく、「今より以後《のち》、三年《みとせ》に至《いた》るまでに、悉《ことごと》く課役《えつき》を除《や》めて、百姓の苦《たしなみ》を息《いこ》へよ」とのたまふ。是の日より始めて、黼衣絓履《おほみそおほみくつ》、弊《や》れ尽きずは更に為《つく》らず。温飯煖羹《おほみものおほみあつもの》、酸《すゆ》りくさらずは易《か》へず。心《みこころ》を削《と》くし志《みこころざし》を約《せ》めて、従事乎無為《しづかにおはしま》す。是《ここ》を以《も》て、宮垣《みかき》崩《やぶ》るれども造《つく》らず、茅茨《かやしり》壊《くづ》るれども葺《ふ》かず。風雨《かぜあめ》隙《すき》に入《い》りて、衣被《おほみそおほみふすま》を沾《うるほ》す。星辰《ほしのひかり》壊《やれま》より漏《も》りて、床蓐《みゆかみましき》を露《あらは》にす。是《こ》の後《のち》、風雨時《とき》に順《したが》ひて、五穀《いつつのたなつもの》豊穣《ゆたか》なり。三稔《みとせ》の間《ころ》、百姓富寛《ゆたか》なり。頌徳《ほむるこゑ》既《すで》に満ちて、炊烟《いひかしくけぶり》亦《また》繁《しげ》し。

　七年の夏四月《なつうづき》の辛未《かのとのひつじ》の朔《ついたちのひ》に、天皇《すめらみこと》、台《たかどの》の上に居《ま》しまして、遠《はるか》に望《みのぞ》みたまふに、烟気多《けぶりさは》に起《た》つ。是の日に、皇后《きさき》に語りて曰はく、「朕《われ》、既《すで》に富めり。更《さら》に愁《うれへ》無し」とのたまふ。皇后、対《こた》へ諮《まう》したまはく、「何《なに》をか富めりと謂《のたま》ふ」とまうしたまふ。天皇の曰はく、「烟気《けぶり》、国に満てり。百姓、自《おの》づからに富めるか」とのたまふ。皇后、且言《またまう》したまはく、「宮垣《みかき》壊《くづ》れて、脩《おさ》むること得《え》ず。殿屋《おほとの》破《やぶ》れて、衣被露《おほみそおほみふすまつゆにしほ》る。何をか富めりと謂ふや」とまうしたまふ。天皇の曰はく、「其《そ》れ天《あめ》の君《きみ》を立《た》つるは、是《これ》百姓の為《ため》になり。然《しか》れば君は百姓を以《もち》て本《もと》とす。是を以て、古の聖王は、一人《ひとりのひと》も飢《う》ゑ寒《こ》ゆるときには、顧《かへり》みて身《み》を責《せ》む。今《いま》百姓貧《まづ》しきは、朕《わ》が貧しきなり。百姓富《と》めるは、朕が富めるなり。未《いま》だ有《あ》らじ、百姓富みて君貧しといふことは」とのたまふ。（『日本書紀㈡』岩波文庫）

　要約すると、国民の課役を止めて3年、民の生活は安定を取り戻しました。しかし天皇の御所である高津宮は屋根が破れて雨漏りしているような状態。つまり、民を優先して直していなかったのです。それでも仁徳天皇は自らも富んだと仰せになります。

　そして「このような状況なのになぜ富んでいると仰せになるのか」と問う皇后に、

「百姓貧しきは、則ち朕が貧しきなり。百姓富めるは、則ち朕が富めるなり」とおっしゃいました。まさしく天皇陛下からの君民一体の精神を垣間見ることができます。

かつて、この精神は日本式経営方式のなかにも生きていました。

会社経営者にとって社員は大御宝だったということです。したがって、日本式経営方式では社員が何よりも大切。社員が幸せであれば、会社は発展したのです。

しかし、今日のアメリカ式株主資本主義的経営のもとでは、社員は会社の経費の一つ。宝ではなくコストということです。

そして、コーポレートガバナンス（企業統治）という言葉に象徴されるように、株主の利益を最優先することが求められる。――このような企業経営哲学のもとで社員が幸せになるとはとうてい考えられません。

今日の株主中心主義は日本の國體の経済観に明らかに反しています。経営者は企業を栄えさせることによって社員をまとめる存在。つまり、天皇の役割と同じく、企業と社員を「しらす」のが使命だったのです。

経営者がこの本来の役割を喪失してしまったために、日本経済は長期にわたる不況に苛《さいな》まれていると見ることもできます。

１９９０年代からの失われた30年は、社員を大御宝と見なしてきた日本的経営方式が、日米構造協議や年次改革要望圧力などによってアメリカ型の株主中心経営方式に浸食されてきた歴史でもあるのです。

君民共治と祭祀共同体

２０２３年の国難を目の当たりにして私のなかで「君民共治《くんみんきょうち》」という言葉が再度浮上しました。国民と天皇との固い紐帯である「君民一体」は先に述べたとおりですが、その政治体制を表す言葉が「君民共治」です。

わが国は神代の昔から、君と民が互いに支えあって国の運営がなされてきました。繰り返しになりますが、天皇は国民を大御宝として慈しみ、国民は天皇を敬愛する関係です。つまり、天皇は国民から搾取《さくしゅ》する存在ではないということ。

しかし、このような君主は西洋的価値観からは想像できないのです。つまり、君主は民から搾取する存在というのが当然の認識だった。

西洋的価値観における君主と民の関係は「契約」によって支配と服従の条件を規定

していました。これは創造神であるヤハウェと民の関係とシンクロします。

一方、天皇は国民から搾取《さくしゅ》する存在でもなければ、服従を強いる存在でもない。

この事実を学校教育では教えていません。この君主の違いを腑に落とすことが、「日本取り戻す」ことにつながるといっていいでしょう。

先に、日本の伝統的な政治形態の特色は権力と権威の二権で、それは対立する概念ではなく役割分担とお話ししました。

日本の国柄を理解するうえで大切な概念です。

天皇は日本を「しらす」政治的権威です。

これに対して政治権力の行為を表す言葉は「うしはく」です。

つまり、日本の伝統的政治体制は「しらす」と「うしはく」の双方が必要なのです。

「うしはく」という言葉は古事記の国譲り物語、建御雷神《たけみかづち》が天鳥船神《あめのとりふねのかみ》とともに、出雲の稲佐《いなさ》浜に降り立ち、大国主命《おおくにぬしのみこと》に対して尋ねるシーンで登場します。

「天照大御神、高木神の命《みこと》もちて、問ひに使はせり。

汝《いまし》がうしはける葦原中国は、我が御子の知らす國ぞと言依《ことよ》さしたまひき。故、汝が心は奈何《いか》に」（古事記）

大国主命は出雲の国を「うしはく」存在でした。天照大御神は出雲の国を「うしはく」大国主命に、出雲の国を「しらす」のは天照大御神であることを認めさせたということです。

このことからも日本は神代の昔から権威と権力が別のものであることがわかります。そして、高天原においても、天照大御神は個々の問題の解決については神々に議論して決めさせ（権力行為）、自らはその決定を承認する（決定に権威を与える）という形態をとっていた。

つまり、古代から天皇は実際の権力行使に当たる責任者を任命し、権力行為の結果を承認するという役割を担ってきたということです。

この二権による政治形態は日本国憲法にも明確に謳われています。

現憲法では、国民が主権者であると規定されています。

そして主権者たる国民は選挙によって代表を選ぶことにより国政に参加し、また国政の行使をこれら代表者に委任しています（憲法前文や第四三条）。これら代表者たちの行動が君民共治の原則を歪めるようなことがあれば、国民は権力の行きすぎを抑制することになります。

一方、国民が支える国民統合の象徴である天皇は、実は権力行為を最終的に承認する権限がある（憲法六条および七条）。

学校教育においては、これらの天皇の行為は形式的であるがゆえにその意味がまともには教えられていません。

しかし、たとえ形式行為であっても、わが国における権力行為は天皇の承認がないと最終的には効力を持たない仕組みなのです。

総理大臣と最高裁判所長官は天皇が任命（第六条）、閣僚も天皇の認証が必要、法律も天皇が公布して初めて効力が生じる（第七条）など、行政、立法、司法のいわゆる三権は、すべて憲法に定められた天皇の行為がなければ、機能しない。

三権分立を包括するように、天皇の権威が存在しているのです。西洋的価値観ではなく、「日本人の軸」をもって現憲法を解釈するのが重要なのです。

もちろん、これらの天皇の行為は天皇の自由意志で行うものではなく、国会や内閣の指名や内閣の助言と承認により行われるものです。

その意味で、天皇の行為は形式的ですが、たとえ形式的であろうとも天皇の行為がないと国家は機能しないのです。

この仕組みの存在は、歴史的にも見て取れます。

古代においても実際の政治権力は摂政や関白が行使していましたが、権力と権威が明確に分離した鎌倉時代以来、権力の最高峰である征夷大将軍は天皇によって任命されていましたし、徳川時代の歴代将軍もすべて天皇が任命したのです。

つまり、この仕組みが現在まで続いている。たとえ権力を謳歌していた者にとって面倒なことと思えても、この仕組みを廃止しなかった。天皇を軽んじたといわれている徳川将軍もこのルールを破れなかったのです。

そして、わが国に独裁者が現れないのも、この権力と権威による政治体制であることに起因します。

独裁者たるためには権力のみならず権威をも独占しなければならない。しかし、日本の國體が存続する限り、権威の保持者は天皇のみ。だれも天皇の権威を奪えず、天皇の血筋を引かないものは天皇になれません。

つまり、日本の國體を変えるには、天皇という権威を破壊することが必要となります。ここで多くを語ることはしませんが、左翼リベラル、共産主義者が天皇の存在を消し去ろうとしているのは、そういうことなのです。

しかし国の歴史を見れば、いかなる権力者といえども、天皇の権威に取って代わることはできなかったことがわかります。平将門や道鏡の例に見られるように、天皇の権威に挑戦したり、天皇になり代わろうと企んだ輩は、すべて失脚しました。

国民と天皇との固い紐帯を表す「君民一体」という概念、そしてその政治体制を表す「君民共治」という言葉、そしてもうひとつ重要なのが天皇陛下が祭主、つまり「神官」であるということです。歴代の天皇陛下は天津神のご子孫として皇祖皇宗を敬い祀り、皇祖皇宗と一体となって祭祀を執り行っておられる。天皇陛下が神官であるということは、わが国が「祭祀共同体」であることを意味します。これが理解できれば、君民一体、君民共治という言葉も腑に落ちるのです。

労働は罰という概念

いま日本にはグローバリズム的な労働観が喧伝《けんでん》されています。

それはマネーがすべてを支配する、言い換えれば唯物論が支配する労働観ということです。私たちがグローバル化の恩恵を被りながらも、グローバル市場というものに本能的に慎重になっているのは、経済活動のなかに倫理の重要性を認める私たちの経済観とは真逆の思想であることを感じ取っているからではないでしょうか。

労働に対する意識がグローバリズムの推進と私たちではまったく違うのです。

これはモーセの十戒の話でも述べましたが、神との関係性を抜きにしては理解できないのです。

ご承知のとおり聖書の伝える人間観は、「人間は創造神によってつくられた」とするものです。聖書の民にとっては、人間は神によってつくられたものである以上、人間と神との間には絶対に超えられない溝があるのです。

つまり、聖書世界においては、神と人間は隔絶しているのです。この神人隔絶型の宗教を戴く民は、絶対神を絶えず恐れなければなりません。

神の掟は絶対なのです。掟に逆らうことは滅亡を意味します。ゆえに神の掟に背かないように生きることが、人間の最大の義務なのです。

ユダヤ・キリスト教の労働観は旧約聖書のエデンの園を巡る物語から始まります。神は自らに似せて、男（アダム）と女（イブ）を創造されエデンに住まわせました。蛇の誘惑に負けてイブは知識の木の実を食べてしまい、アダムもイブに唆されて同じく食べてしまう。

これを咎めた神は、二人に罰を下すわけですが、男には額に汗して働くことを、そして女には産みの苦しみを、そして双方に死という罰を与えます。人間にとって労働も陣痛も死も神から与えられた罰なのです。

【創世記3章16～19】
つぎに女に言われた、「わたしはあなたの産みの苦しみを大いに増す。あなたは苦しんで子を産む。それでもなお、あなたは夫を慕い、彼はあなたを治めるであろう」。更に人に言われた、「あなたが妻の言葉を聞いて、食べるなと、わたしが命じた木から取って食べたので、地はあなたのためにのろわれ、あなたは一生、苦しんで地から食物を取る。地はあなたのために、いばらとあざみとを生じ、あなたは野の草を食べるであろう。あなたは顔に汗してパンを食べ、ついに土に帰る、あなたは土から取られたのだから。あなたは、ちりだから、ちりに帰る」。

後にキリスト教の基礎を築いたパウロは、これらを解釈して、人間は生まれながらに罪を背負っているという教義を打ち立てます。これがキリスト教の原罪説といわれるものです。

この原罪から逃れるためには、人間の原罪を贖《あがな》い十字架にかかって亡くなったイエスをキリスト（救世主）と信じることによって可能になるとパウロは説きました。

しかし、ユダヤ教ではイエスをキリスト（救世主）とは認めていません。イエスはあくまで預言者の一人という位置づけです。

ユダヤ教徒はイエス・キリストの贖いを信じることはできないため、別の方法で労働の苦痛から逃れなければならない。これが後々いわゆる解放思想を生むことになります。

これらの物語を総合すると、「労働は神によって罰として人間に与えられたもの」であり、ユダヤ・キリスト教徒にとって「労働とは苦痛」なのです。

労働が苦痛であるということは、人生が苦痛であるということになってしまいます。

そのような人生の苦痛から解放されるには、キリスト教徒はあの世でのイエス・キリストによる救済を信じました。

キリスト教徒にとって苦痛である労働という観念のなかから近代的な資本主義社会が生まれ、やがて世界を席巻した産業革命が起こったことは、どのように関連づけられるのでしょうか。

この間の事情を説明して世界に知られるようになったのが、20世紀の初頭に書かれたマックス・ウェーバーの『プロテスタンティズムの倫理と資本主義の精神』です。ウェーバーは禁欲を奨励したプロテスタンティズムが資本主義の精神を生む契機になったと論じたのです。

プロテスタントはマルティン・ルター（1483-1546）の宗教改革によってカソリックから分離しました。

ここで注目すべきはルターの職業観です。

それは、キリスト教徒は自らの職業を天職、つまり神の召命と心得て、ひたすら神が喜ばれるように仕事に専念しなければならない。これにより神の栄光を増す——というものです。

　このルターの教えをさらに進め、神の栄光を最重視したのがジャン・カルヴァン（1509－1564）の「予定説」と呼ばれる宗教理論です。予定説とは、人間のうち神に救済される者と地獄へ落ちる者はあらかじめ決まっているとする説です。

　そう言われたら、自分がどちらに定められているのか不安になり仕事に専念するどころではなくなりそうですが。

　彼は「自分はあくまで救いに選ばれていると確信して、神から義務として与えられた職業労働に刻苦勉励《こっくべんれい》せよ」と教えたのです。

　ルターとカルヴァンの教義には違いがありますが、キリスト教神学の専門家でない私たちは、おおむね以上のように理解しても差し支えないでしょう。

　このようなキリスト教プロテスタンティズムの発想は、あくまで神が中心です。神と人間は断絶していますから、人間はあくまで神に喜ばれるように行動することが重要となります。

　私が興味深く思うのは、プロテスタンティズムにいう世俗内禁欲の教えが利潤の追求を可能にして、資本主義の精神を生んだというウェーバーの分析にも、その根底には労働は罪に堕落した人間に神から課された刑罰であるとの思考が窺《うかが》えることです。

一般のキリスト教の信徒、つまり聖職者ではないキリスト教徒が世俗内禁欲、すなわち、この社会においてさまざまな欲望の誘惑に打ち勝ってひたすら自らの職業に専心することが、結果として利潤が蓄積されることになり近代資本主義の精神を生んだとするウェーバーの考えは、非キリスト教徒にとって難解に感じられます。

しかし、これは「労働は罰である」という聖書の基本原則のなかでの議論なのです。労働という罰を徹底的な禁欲的生き方のなかで受け入れる、そうすれば神はこのうえなく喜ばれるし、これこそ人間を創造された神の栄光につながる――。

つまり人間自身ではなく人間を創造した神を賛美する行為なのです。キリスト教における人間と神との断絶性、そして人間は神の栄光のために存在しているという人間観が見て取れます。

ではユダヤ教徒はどうでしょうか。

彼らは現世における労働の苦痛から解放を発明したのです。それが、カール・マルクス（1818－1883）の共産主義革命思想でした。

この誤った理論を今さら解説する必要はないでしょう。

なぜなら、労働者を資本家の搾取から解放するというマルクス思想はロシア革命の実験によって、共産主義理論が誤りであったことを証明し、人類にとって史上最悪ともいえる犠牲をもたらしたからです。

1917年、ロシアで起こった共産主義革命は労働者を労働の苦痛から解放するどころか、労働者は共産党のエリートによってきびしく管理され抑圧されました。

革命に異議を唱える人々は殺されたり、収容所に送られました。

結果、2000万人という数の人民が「人民の政府」を自称する共産党政権によって虐殺されたといわれています。

同じ共産主義政権である中国においても、現在に至るも人民大衆は弾圧され搾取されています。諸説ありますが、毛沢東の文化大革命では約6000万人が犠牲になったといわれています。小国のカンボジアでもポル・ポト共産政権が約200万人のカンボジア民衆を殺戮した過去があります。

ソ連共産主義体制が崩壊した現在、中国など共産主義を標榜する国も実態は共産主義イデオロギーを放棄して、形だけが残っているにすぎません。

中国共産党のエリートたちはビジネスに精を出して私腹を肥やしているのが現状です。共産主義そのものは完全に滅んでしまいましたが、共産主義に代わって彼らが考えたのが、いわゆるグローバリズム。つまり世界をグローバル市場で統一するというイデオロギーです。

このイデオロギーを推進しているグローバリストたちの論理によれば、グローバル市場という徹底したマネー中心主義のもとで人間は自由になれると宣伝されています。

実際に自由になれるのは、一握りのマネー・エリートにすぎないのですが、そのことは一般の目から隠されています。

グローバリズムの論客の一人であり、かつてミッテラン大統領の補佐官やサルコジ大統領の経済政策顧問を務めたフランスのジャック・アタリは、『21世紀の歴史』（作品社）のなかでグローバル市場の本質について極めて明確に説明しています。

アタリによれば、市場の力が世界を覆っているとして、マネーの威力が強まったことは個人主義が勝利した究極の証だと断言しています。

そして、この市場中心世界においてはマネーですべての決着をつけることができると論じます。国家すら市場の障害となればマネーによって駆逐される。国家も市場に吞み込まれる、つまり民営化されると予測していた。

アタリの主張は生産労働を重んじる私たちの勤労観には、まったくしっくりきません。マネーも個人主義も民営化も私たちは何か違和感を覚えてしまいます。

マネー、つまり金融に関して本能的に違和感を感じるのは、私たちにはお金（マネー）は穢れているという穢れ忌避思想が伝統としてあるからです。これは理屈ではありません。「皮膚感覚」といってもいいでしょう。

お金が穢れていると感じるのは、お金は人間を不幸にする面があるからでしょう。また、お金は人を動かす一種の権力作用を持つと考えられていたことも、穢れだと認識される理由だと考えられます。

労働が神の罰であるという否定的見方は、どうしても労働そのものに対する敬意が希薄になる危険性があり、特に生産労働を軽視する傾向が生じます。

というより、生産労働の軽視がグローバル化市場経済の特徴といってもいいですね。なぜなら地道な生産労働よりも金融操作による短期的な利益の確保が主流となっており、それで財を得た人を「成功者」ともてはやす世の中なのですから。

グローバル化市場で生き残るためには、人件費を抑制して低価格競争に徹する必要がありますが、人件費を下げることは労働の価値を低下させることにつながり、生産労働の障害となります。

そして労働の対価が正当に払われないことは、労働者からの搾取です。つまり、労働が罰であるという根本思想とグローバル化市場経済のもとでは、生産労働は一種の奴隷が担うべき労働と見なされる危険もあるのです。生産労働が経済活動の基盤と考える私たち日本人は低価格競争が正しい競争とは考えません。あまりに低価格な商品を見ると喜ぶよりも「つくっている人たちは大丈夫だろうか」と心配になってしまう。

それが私たちの根幹にある発想なのです。

勤労は神事という概念

日本の伝統的価値観では一人ひとりが分を尽くすということが、日本を繁栄させる秘訣でした。分を尽くすという発想は、人間を能力の違いで差別しないということです。つまり、個性（能力の違い）を尊重するという思想です。

なぜ能力の違いを尊重するかというと、各人の能力に違いがあるからこそ、さまざまな進歩が可能になるからです。君民一体の思想というのは、国民が分を尽くせば社会も国家も繁栄するということでした。

これが私たちの人間観、世界観であり、そこから経済観が導かれているといえます。日本人の経済観の根底には、人間のかけがえのない個性は等しく尊重されるべきだとの高い道義性が窺えるのです。経済分野における道義性の高さが経済活動をいわゆる「道」の域にまで高めていたのです。

労働は罰であり苦痛という世界観からは、高い道義性が生まれ難いのはご想像のとおりですが、ここからは日本人の勤労観（あえて労働といいません）をひもといていきましょう。

日本人の生産活動の基本は稲作です。どんな業種業態が栄えようとも日本が農本主義の国であることを忘れてはいけないのです。ご承知のように稲作は現在に至るも天皇陛下ご自身が毎年実践しておられます。天皇陛下は皇居内の水田で田植えをされ、また稲刈りをされますが、この行為は単に農業に敬意を表すということだけではありません。

天照大御神の「斎庭稲穂の神勅」を今に実践しておられるのです。

古事記には須佐之男命が乱暴狼藉のなかで、高天原の田の畔を壊したエピソードがあります。つまり、高天原では稲作が行われていたということですし、瓊瓊杵尊が天照大御神から授かった稲穂は高天原で育ったものということです。

つまり、高天原では神々が日常的に働いておられるということ。

私たちはこの事実をしっかりと腑に落とす必要があります。神々が働かれているなんて「人間らしい」と思いがちですが、それは逆です。神様が働いておられるから、その子孫である私たちも働くことが当然なのです。

働くということは神々の仕事に出合うこと――こんな発想は西洋的価値観からは生まれてこないのです。そしてこれが、私たちの仕事が「神事」であるという理由につながるのです。

日本の経済活動の特徴は「モノづくり」と言われていますが、「モノづくり」の原点は稲作、お米を育てて収穫することにあります。

日本では工業も、商業もそして現在の各種サービス業も、稲作の精神を基に成り立ってきました。近代的な産業やサービス業に憧れたり、そこにプライオリティを感じる人は、農業を「近代的ではない」と軽視する傾向にありますが、大きな勘違いです。すべての経済活動の基盤は稲作なのです。

古《いにしえ》より、稲作には村落の人々の協力体制が欠かせませんでした。

たとえば水田に水を引くこと一つをとっても、各人の所有する田圃に万遍なく水を供給する必要があります。効率よく水を使用するために、村落総出で水路の整備をするのも当然でした。この協力精神が村落共同体の神髄であったのです。村人一人ひとりが村落共同体の不可欠のメンバーであり、子供でさえも村の共同作業に貢献する役割に誇りを抱いていたわけです。

農村共同体の重要性については、「十七条の憲法」の第十六条にも記されています。

春より秋に至るまでに、農桑《なりはひこかひ》の節《とき》なり。民《おほみたから》を使ふべからず。其《そ》れ農《なりはひ》せずは、何をか食らはむ。桑《こかひ》せずは何をか服む。

農繁期には民を徴用して使ってはならない、民が農耕しなければ食べることもできず、養蚕しなければ服を着ることもできないという意味です。

この農村の共同体精神は、日本の工業にも受け継がれました。

かつての日本式経営は、会社自体が家族的な紐帯のもとに運営されていました。会社は一つの家族であり共同体であったのです。女性社員の花嫁修業（お茶やお花教室）まで面倒見てくれる会社もあったほどです。社員の家族総出の運動会というのもめずらしいことではありませんでした。会社は共同体であり、社員は家族に至るまで会社にアイデンティティを感じていたのです。

なぜ、わが国の工業製品は世界を席巻する国際競争力を誇ったのでしょうか。

共同体精神を持った工場で作業にあたった工員たちは、たとえ流れ作業であっても一つ一つの部品の組み立てに製品を育てる気持ちを込めて仕事をこなしたからです。工員たちがこのような態度で仕事ができたのは、部品一つ一つにそれを制作した人の魂が吹き込まれていることを感じ取ったからなのです。

このように、小さな一つの部品であっても魂を吹き込む姿勢は、稲作のお米に対する姿勢と類似します。

丹精込めて育て上げたお米の一粒一粒には、高天原の斎庭の稲穂の精神が宿っていると、米作農家はもとより国民が信じていたのです。私も祖父母から、一粒のお米も粗末にしてはならない、なぜならそれらはお百姓さんの汗の結晶であるだけでなく、神様と同じだからと何度も教え込まれました。

日本において国土は伊邪那岐《いざなぎ》、伊邪那美《いざなみ》の夫婦神がお産みになったものであり、稲穂は天照大御神が直々にお下しになったものです。神々からいただいたものであるがゆえに、ありがたく、もったいないのです。

稲は国土の生命エネルギーを得て実りますが、私たちの祖先は稲の生育のなかにまさしく神々の活動そのものを感じ取っていたのではないでしょうか。

国土の生命エネルギーは、古事記に記される「結びの神々（造化三神《ぞうかのさんしん》）」から生み出され受け継がれてきたものです。

すべてが同胞という生命観

これまで、西洋的価値観と日本の伝統的価値観について、政治、そして労働という観点で私たちの根源的なものに触れてきました。さらにたどれば、それは生命観に行き着きます。西洋的価値観、ユダヤ・キリスト教文明の生命観は旧約聖書の創世記に端を発します。まずは、旧約聖書の天地創造のくだりを見てみましょう。

【旧約聖書　創世記第1章】

1 はじめに神は天と地とを創造された。
21 神は海の大いなる獣と、水に群がるすべての動く生き物とを、種類にしたがって創
造し、また翼のあるすべての鳥を、種類にしたがって創造された。神は見て、良しと
された。
25 神は地の獣を種類にしたがい、家畜を種類にしたがい、また地に這うすべての物を
種類にしたがって造られた。神は見て、良しとされた。
26 神はまた言われた、「われわれのかたちに、われわれにかたどって人を造り、これ
に海の魚と、空の鳥と、家畜と、地のすべての獣と、地のすべての這うものとを治め
させよう」。
29 神はまた言われた、「わたしは全地のおもてにある種をもつすべての草と、種のあ
る実を結ぶすべての木とをあなたがたに与える。これはあなたがたの食物となるであ
ろう。
30 また地のすべての獣、空のすべての鳥、地を這うすべてのもの、すなわち
命あるものには、食物としてすべての青草を与える」。そのようになった。

一部抜粋ですが、みなさんもなにかと耳にし、目にしたことがある内容だと思います。続けて古事記です。

天地《あめつち》初めて発《おこ》りし時に、 ※「発」の書き下しは「発《ひら》けし、発《あらは》れし」もある
高天の原に成りませる神の名は、

天之御中主神《あめのみなかぬしのかみ》。
次に、高御産巣日神《たかみむすひのかみ》。
次に、神産巣日神《かむすひのかみ》。
この三柱の神は、
みな独神《ひとりがみ》と成りまして、
※独神……→単独で生まれた神
身を隠したまひき。
次に、国稚《わか》く、
浮ける脂のごとくして、
くらげなすただよへる時に、
葦牙《あしかび》のごとく萌え騰《あが》る物によりて
※牙……→芽
成りませる神の名は、
宇摩志阿斯訶備比古遅神《うましあしかびひこぢのかみ》。
次に、天之常立神《あめのとこたちのかみ》。
この二柱の神も、
みな独神と成りまして、

身を隠したまひき。
上《かみ》の件《くだり》の五柱《いつはしら》の神は別天《ことあま》つ神ぞ。

古事記では、天地初発において初めに生まれた神様が天之御中主神であると記しています。そして高御産巣日神、神産巣日神が生まれ、これら三神は造化三神と呼ばれます。この結びの力によって天地のもとで、さまざまな神様、万物が生みだされていきます　それはすべてのものを生み成す力であり、いわば万物の源ともいえるものでしょう。

次に成りませる神の名は、国之常立神《くにのとこたちのかみ》。
次に、豊雲野神《とよくものかみ》。
この二柱の神も、独神と成りまして、身を隠したまひき。
次に成りませる神の名は、宇比地邇神《うひぢにのかみ》。次に、妹須比智邇神《いもすひちにのかみ》。　※妹……→女性
次に、角杙神《つのぐひのかみ》。次に、妹活杙神《いくぐひのかみ》。
次に、意富斗能地神《おほとのぢのかみ》。次に、妹大斗乃弁神《おほとのべのかみ》。

次に、於母陀流神《おもだるのかみ》。次に、妹阿夜訶志古泥神《あやかしこねのかみ》。
次に、伊耶那岐神《いざなきのかみ》。次に、妹伊耶那美神《いざなみのかみ》。
上の件、国之常立神より下、伊耶那美神より前を、あはせて神世七代《かみよななよ》といふ。
是《ここ》に天神《あまつかみ》諸《もろもろ》の命《みこと》以ちて、伊邪那岐命、伊邪那美命、二柱の神に、
「是《こ》のただよへる国を修理《つく》り固め成せ」と詔《の》りごちて、
天沼矛《あめのぬぼこ》を賜《たま》ひて、言依《ことよ》さし賜ひき。
故《かれ》、二柱の神、天浮橋《あめのうきはし》に立たして、
其《そ》の沼矛を指し下ろして画《か》きたまへば、
塩《しほ》こをろこをろに画き鳴《な》して、引き上げたまふ時に、
其の矛の末《さき》より垂落《したた》る塩、累積《つ》もりて島と成る。
是れ淤能碁呂《おのごろ》島なり。

造化三神《ぞうかのさんしん》、別天神《ことあまつかみ》を経て、神世七代《かみよななよ》では国土の土台、恵みの雨をもたらす雲、そして生命が生まれ成長、成熟していく様が描かれています。
伊耶那岐《いざなぎ》、伊耶那美《いざなみ》とお馴染みの神様の名前が登場しましたが、この二柱は淤能碁《おのご》

呂《ろ》島に降り立ち夫婦となり、日本の島々を生み、さらに神々を生んでいきます。

これを見てわかるように日本人の生命観は、ユダヤ・キリスト教にいう、「創造神が生命を含めすべてを創造した」とする生命観とはまったく違うものです。

日本の神様はこの天地に「生まれてきた」のです。結びの神々（造化三神）を元として国土も雲も雨も、人だけでなく動物も草も木もモノも生まれきた――。つまり、結びの神々からすべての存在がつながっている、「同胞」という世界観なのです。

たとえば、使い終えた針を供養する「針供養」はこの世界観を示すものです（淡嶋神社や淡島神を祀る淡島堂のある寺院などで、2月8日または12月8日に行われる）。

「神が人間のために造ったもの」という発想なら、針ではなく、神に感謝します。しかし、私たち日本人にとって針は単なる「道具」ではなく「同胞」。ゆえに使い終わった針に「お世話になった」という感謝の気持ちを込めて供養する。針にも魂があると感じているからこそ、供養が成り立つわけです。

世に存在するすべてが同胞、そう考えられるのが日本人の生命観なのです。私たち皆が神々から生まれてきた。大元をたどっていけば同じ、古事記の記述はそう教えてくれているのです。

日本人の生き方「惟神の道」

先述したようにユダヤ・キリスト教文明においては人も自然も唯一神によって造られた存在ですが、日本においては神々も人も、ともに自然から生まれた存在――。これが私たちの信仰の基軸になっています。

つまり、私たちの根幹をなす神道は自然への感謝、畏怖という自然信仰なのです。「お天道様」という言葉がそれを象徴していることからもわかります。すなわち、神道は「天皇教」ではないということです。

ユダヤ・キリスト教では創造神（唯一神）が預言者を通じて人間にメッセージを伝え、人間は唯一神の戒律に従うべき存在とされています。

つまり、神が言葉によって人間に伝えた意思、その実践が求められるのです。その価値観からは日本人の信仰を理解することはできない。

古より日本人が実践してきたのは「惟神《かんなが》の道」です。

これは神々と一緒に生活する、神々の道を歩むという実践です。日本において神と人間は独立した別の存在ではなく、「つながっている」関係。ゆえに日本人には、神

日本の伝統的な宗教観

は自分の心のなかにも存在するという発想（内在神）ができるのです。ゆえに、経典もいらない。

　日本人の信仰のかたち、いわゆる宗教観に関しては田中英道先生（東北大学名誉教授）が、実に腑に落ちる説明をされています（『日本の宗教　本当は何がすごいのか』扶桑社ＢＯＯＫＳ）。

　それを端的にいうと、神道は日本民族としての共同の宗教で、仏教やキリスト教は個人の宗教であるということです。田中先生はそれらが共存しているのが日本の姿だとおっしゃられています。私はこれをさまざまな機会にお伝えしてきました。

私たちは共同宗教である神道を無意識に信仰しています。

それはあえて信者と自称するまでもない当たり前のこと。そして、その共同宗教のもとで仏教やキリスト教などの個人宗教で己の修行をしている。政治において、「権力（運用・政治執行者）」が「権威（軸・天皇）」を侵害できないことと同じです。

すなわち、これが私たちの軸なのです。

日本人の信仰の根底にある神道が「軸」であり、外国の様々な宗教を修行の「運用」とすると、日本人が外国の宗教に寛容である理由が解明できるはずです。

キリスト教も、伝来の当初、個人の修行の宗教としてとどまる限り布教は許されていたのです。布教が禁止されたのは、宣教師たちが信徒に神社・仏閣を焼き払うよう扇動したり、キリスト教を国家の宗教にしようと策謀したことでした。つまり、キリスト教は日本人の信仰の根幹である軸を否定したために禁止されたのです。

どの外国宗教も、神道という日本人の宗教の根源に挑戦しない限り日本で布教する（運用する）ことは自由だということになります。つまり、その存在を否定しないかぎりにおいて、神道は他宗教と敵対するものではなく、包み込む存在なのです。

儒教は造り変えられ学問として運用されました。日本においてそれを実現し、国民に根付いた宗教は仏教だけといえます。

本章では日本人の「軸」は、生命観、宗教観、政治観、労働観といったすべての価値判断の基準であることを見てきました。

ではなぜ仏教は、日本人に受け入れられたのか。

次章ではその共通の価値観について、探究していきたいと思います。

第3章

惟神の道と自灯明

山岸和尚との対話

現代の寺子屋

馬渕　この章では曹洞宗の僧侶であられる山岸文英さんをお迎えして議論をしたいと思います。山岸さんは群馬県みなかみ町にある曹洞宗の寺院、泉峰山泰寧寺の副住職を務めておられます。

縁あって2022年の夏に泰寧寺の本堂で講演をさせていただき、山岸さんと少しお話をする機会がありました。山岸さんは神道の奥深さにご興味を持たれ勉強中だとおっしゃっていました。

そのとき、神仏習合について話が展開したのですが、十分にお話しできなかったので、いずれ機会をつくってお話をお聞きしたいと思っていました。「大和心ひとりがたり」や「耕雨塾」で「神道を勉強している和尚さんがいる」とお話ししたことがありますが、その方が山岸さんです。

山岸さんは、「親子で学ぶ夏休み素読塾」という取り組みを続けておられます。夏休みの期間を利用して親子を対象に寺子屋のような「塾」を開催しておられるのです。私もその様子を見学させていただきましたが、とても意義深いものでした。大きな紙

秦寧寺副住職　山岸文英氏（秦寧寺本堂にて）

が壁一面に貼られ、そこには筆で書かれた論語や古典の一節がずらりと並んでいます。それを山岸さんが読み上げ、続けて子どもたちが読み上げる――。

たとえば「君子和而不同　小人同而不和」。論語の一節、大人から見ても難しい漢字ですし、意味も難解です。山岸さんが読み上げたあと、子どもたちが声を揃えて「君子は和して同ぜず。小人は同じて和せず」と続くのですが、なんとも微笑ましく、頼もしい姿です。

素読塾のアイディアを思いつかれ、実践されるようになったのにはどのような経緯があるのですか。

山岸　私が素読塾を始めたのは10年前の

素読塾の様子

親子で学ぶ
夏休み
素読塾

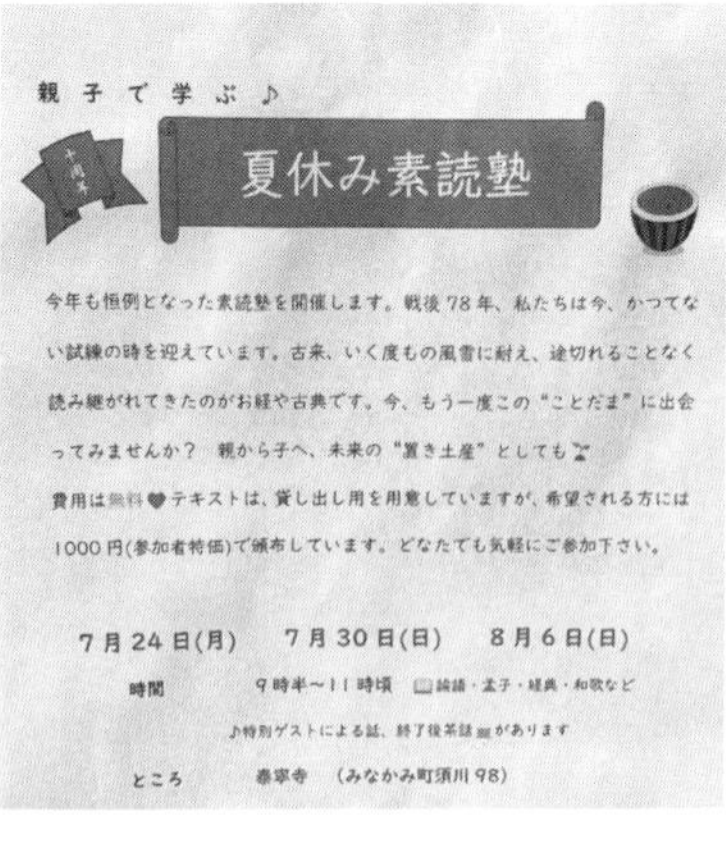
親子で学ぶ♪
夏休み素読塾
今年も恒例となった素読塾を開催します。戦後78年、私たちは今、かつてない試練の時を迎えています。古来、いく度もの風雪に耐え、途切れることなく読み継がれてきたのがお経や古典です。今、もう一度この"ことだま"に出会ってみませんか？　親から子へ、未来の"置き土産"としても
費用は無料テキストは、貸し出し用を用意していますが、希望される方には1000円(参加者特価)で頒布しています。どなたでも気軽にご参加下さい。
7月24日(月)　7月30日(日)　8月6日(日)
時間　9時半〜11時頃　論語・孟子・経典・和歌など
♪特別ゲストによる話、終了後茶話があります
ところ　泰寧寺　(みなかみ町須川98)

ことになります。和尚なものですから、以前から東洋の古典の勉強を細々と続けてお りました。そんななかで幼少期にこのような古典を読むと脳環境にいい影響があると いうことを知りました。

たとえば論語の一節の意味するところはわからなくても、子どものうちからその言葉を身に染み込ませると、いずれ年を重ねて大人になったとき、自身のなかでその言葉の意味に頷く時が来ると思うのです。

なにかそういうことができないかと思いまして、本堂を使って始めてみた次第です。本当は小学校や幼稚園でやっていただければいいなと思ったのですが、まずは自分からきっかけになることだけでも——ということでいまに至ります。

馬渕　意味はわからなくても繰り返し読んで記憶の引き出しに入れておくということでしょうか。

山岸　おっしゃるとおりです。読むといいつつも、音を聞いて追随するという感じです。文字を目で追いかけると言葉が口から出てこないのです。ですから、繰り返し聞いて、なぞって口にして覚えていく。

あくまで素読ですので、私のほうからとくに一つ一つの意味を解説することはしません。子どもたちが大人になって、必要なときに自分のなかにあるセンテンス、たとえば「君子は和して同ぜず。小人は同じて和せず」が意味をもって蘇るとでもいいますか——。

馬渕　いまはわからなくても頭に入れておく。これは非常に重要だと私も思います。というのは、私もいまになって子どものころに聞いたこと、主に祖父母から聞いたことが突然出てくることがあるのです。「ああ、そういうことだったのか」と、いまさらながらに合点がいく。

いまは意味もわからずに聞いていても、何十年か経ったあとにきっと役に立つ、自分自身を支える指標になることもある。智恵のタイムカプセルのようなものですね。

山岸　力及びませんが、そうあればうれしく思います。

馬渕　立派なテキストもつくっておられます。B5サイズで240ページもある。タイトルの「ことだま」もいいですね。表紙を開くと道元禅師（曹洞宗開祖）の言葉「一句の道著は一代の挙力なり、一代の挙力は尽力の全挙なり」があります。

一句の道著は一代の挙力《こりき》なり、一代の挙力は尽力の全挙《ぜんこ》なり。たとひ強為の為なりとも、云為の為なるべし。このゆゑに、いま如来道の三界唯心は、全如来の全現成なり。全一代は全一句なり、三界は全界なり。

（『正法眼蔵』）

山岸　参考までに、この言葉の大枠の意味は「仏祖といわれる人の発するたった一言の言葉は、その人一代の力そのもので、そこに全ての力が込められているのだ」ということです。このテキストに載せたどの言葉も、「その人の一代の挙力に違いない」という意味を込めて、巻頭に置かせていただきました。

馬渕　なるほど。そこから始まるテキストの内容は本堂に貼り出されている漢文だけではないのですね。「経典・祖師のことば」「東洋の叡智」「やまとごころと大和魂」「漢詩」「和歌」ととても幅広い。「やまとごころと大和魂」の章は天照大御神の神勅、十七条憲法、五箇条の御誓文、教育勅語。そして独行道、山鹿素行、西郷隆盛、松尾芭蕉、方丈記の書き出しなどなど、私にとってもうれしい一冊です。

素読塾のテキスト「ことだま」

「和歌」の章は倭 健 命《やまとたけるのみこと》で始まり、柿本人麻呂に続く――。

倭《やまと》は　国の真秀《まほ》ろば　たたなづく　青垣《あをかき》山籠れる　倭し麗《うるは》し
（『古事記』倭健命）

葦原の　瑞穂の国は　神ながら　言挙せぬ国
しかれども　言挙ぞ我がする　言幸《ことさ》く　ま幸《さき》くませと
障《つつ》みなく　幸くいまさば　荒磯波《ありそなみ》　ありても見むと
百重波《ももへなみ》　千重波《ちへなみ》にしき　言挙す我は　言挙す我は
（『万葉集』柿本人麻呂）

馬渕　私が小学生のころはまだ戦前の気風が残っておりまして、それなりに気骨のある先生がおられて、むしろ左翼的な先生の方が居心地が悪かったように見えました。ところが今は逆で、真っ当な先生のほうが居心地が悪い。戦後80年をかけてこのような状況になってしまった。先生だけではなく、学校教育そのものが左傾化してしまったということです。

そういう視点から見ますと、正規の学校教育ではないけれど、いわゆる寺子屋式の塾が重要になってきたと感じています。

重要どころか、これからの日本を支えるのは、そういう学びをした人たちであろうと。素読塾には子どもさんだけではなく、親御さんもたくさん来ておられました。そういう方たちが日本の中心になっていかれたらどんなによいだろうと思いました。

秦寧寺山門

なぜ日本で神仏習合《しんぶつしゅうごう》が受け入れられたのか

馬渕　では、今回のメインテーマに話を移しましょう。

なぜ、日本で神仏習合が受け入れられたのか。仏門におられ、神道にも興味を持たれている山岸さんに見解をお聞きしたかったのです。

私たちは学校で「本地垂迹説《ほんじすいじゃくせつ》」を「仏や菩薩が人々を救うために、さまざまな神の姿を借りて現れる」という考え方だと教わりました。

仏教が中国に伝わり布教される際、儒教の聖人や道教の神仙は仮の姿（垂迹）で、その実態は仏（本地）と説かれたわけです。日本においては、神道の八百万の神々は仏や菩薩の化身（権現《ごんげん》）とされました。

とはいえ、「天照大御神（大日孁貴《おおひるめのむち》）が大日如来《だいにちにょらい》だ」といわれても、当時の日本人はそれだけで「ああ、そうか」と納得できたのか？

そんな単純な当てはめでは腑に落ちないはず――というのが私のなかでの疑問だったのです。神仏習合を受け入れた私たちの先祖にとって、仏教の教えには何か響くものがあったはずだと。

その「響くもの」とはなんであったか？

山岸　その「響くもの」というところで、私には江戸時代中後期の高僧で慈雲尊者《じうんそんじゃ》（1718－1804）という方が浮かびます。

慈雲尊者は「日本のお釈迦様」といわれているのにもかかわらず、あまり世間に知られていないようです。おそらく和尚の間でも、この慈雲尊者を知っている方は限られてしまうと思うんですが――。

日本のお釈迦様と呼ばれるゆえんは、お釈迦様の時代のあり方に極力近く、つとめてお釈迦様がなさったように実践された方なのです。儒学も学ばれ、坐禅ももちろん修められ、梵語の研究ではすばらしい成果を残されています。この方が晩年に、非常に神道を重んじられ深く研究されたのです。

慈雲尊者は神道について次のようおっしゃっています。

今日に至って皇統の正しき
支那に超過するのみならず印度よりも勝れり、
まさにこれ天照大神神勅の嘉猷《かゆう》なり

(『日本紀神代折紙記』)』
※嘉猷：よいはかりごと。国をおさめるためのすぐれた計画のこと。
神道は一箇の赤心《せきしん》、君臣の大義のみなり
(『神儒偶談』)　※赤心：いつわりのない心。まごころ。

仏教を究めたうえでこのように言われたということが、私どもの手本となるところなのではないかと強く感じております。

馬渕　いまのお話をお聞きして、やはり仏教には一つの普遍性があったということが感じられます。

仏教の発祥はインドですが、やはりインドではヒンドゥー教がメジャーな宗教ですから、大きく花開くことはなかった。そして中国大陸に渡りましたが、中華では宗教は育たないのです。中国の方には悪いですが、物質志向の強い国柄ですから、宗教とあんまりご縁がない。

ところが日本に伝来して根付いた。その普遍性——つまり、インドで生まれて外国で根付くことができる。この普遍性を持っているのが仏教だと思うのです。

というこことは日本の神も逆に普遍性があるはず。普遍性のある仏教を受け入れることができるということは、やはり神道にも普遍性があるのです。

つまり、お互いの普遍性が共鳴しあって、神仏習合で当時の私たちの祖先が仏を受け入れることができたのではないかと。

そう考えると、仏教の教えの神髄というものと、神道の教えの神髄というものは同質、同質というのが言いすぎならば共通項があるのではないでしょうか。

その「共通項とは何か」ということを探究するのが私たちの課題ではないかと思えるのです。その共通項がわかれば、宗教の普遍性というのがわかる。宗教の普遍性がわかれば、人間の普遍性がわかり、宇宙の普遍性がわかる――私の勝手な想像なのですが、そういう気がしてならないのです。

山岸　いまの先生のお話から私が感じますのは、日本人は物事を対立させて考えない、全体のなかで捉えるというか――。一方的な見方でなく、複眼的な見方で捉える特性があるように思えます。

馬渕　いま、私の申し上げたことをよりわかりやすく言っていただきました。結局、仏教も神道も宇宙論が同じなのだと思います。宇宙は対立しているわけではなく、調和がとれている。だから調和を大切にするのが神道であり仏教であると。

だからこそ対立的には考えない。物事は対立しているように見えても、結局は調和している。調和の一側面が対立のように私たちの目に映ることはあっても、それは調和している姿だということですよね。

私はそれほど仏教を勉強したわけではないのですが、仏の教えは私たちの生き方そのものを問いかけている気がしてならないのです。私たちは山岸さんのように宗教家でありませんが、宗教家でないがゆえに「宗教的にどう生きるか」というのが、一人ひとりにとっての課題のように思えます。だからこそ仏の教えの普遍性というものが、いま私たちに問いかけていると感じるのです。

お釈迦様がお亡くなりになるとき、お弟子さんに「法灯明《ほうとうみょう》」と「自灯明《じとうみょう》」という言葉を残しておられます。

法灯明は「真理を頼りにして生きていきなさい」ということ。自灯明は「自分自身を頼りとして生きていきなさい」ということですよね。

私はこの「自灯明」という言葉は、神道の生き方そのものではないか思うのです。

つまり、「惟神《かんながら》の道」です。

山岸　いま馬渕先生のおっしゃった普遍性、自灯明が惟神の道に通じるということから、道元禅師の言葉で「一方を証するときは一方はくらし」というものを連想しました。

身心を挙して色を見取し、身心を挙して声を聴取するに、したしく会取すれども、かがみに影をやどすがごとくにあらず、水と月とのごとくにあらず。一方を証するときは一方はくらし。(『正法眼蔵』)

一方を明らかにするときには、もう一方は暗いということなのですが、要するに自分と対象は一つということです。

この道元禅師の言葉をなぞれば、仏様といったときには仏様のみで、神道の神様は隠れてしまいます。神様といったときには仏様が隠れてしまう。仏様と神様の別の存在ということではなく、一つなるがゆえにそうなるのではないかと。

最近ご縁をいただいた小野善一郎先生(渋川八幡宮宮司)のお話を聞きますと、仏教の教えと表現は違うのですが、言わんとしてることは同じではないか、そう思うことが多々あります。

たとえば、神道を突き詰めると「祓《はら》う」ということであり、自分自身のなかに天照大御神も天之御中主神も鎮座されていると伺いますと、本当に同じことだと——。

馬渕　まさにそうですね。「祓う」というのは仏教で言えば「執着を去る」ということと同じことと思います。仏教的視点から一つの物事を見るか、あるいは神道的な視点から見るか、その喩《たと》えに表現に違いはあっても本質は同じだという気がします。つまり、仏教と神道は物事の本質の見方を共有している。

これは一神教であるユダヤ・キリスト教の見方とはまったく違います。本質の見方が一神教と多神教では違うのです。仏教の言葉では「見性《けんしょう》（身に備わる仏としての本性を見抜き、さとること）」といいますが、一神教とはそこが共有できない。

私たちにとって、一神教の世界というのは、悪いものではないし、まったくわからないということではない。

しかし、残念ながらすべてを腑に落とすことはできません。

私たちのなかには多神教的な世界観が存在していて、むしろそのそれこそ仏教の神髄であり、神道の真髄であると思うのです。

帰家穏坐《きかおんざ》と只管打坐《しかんたざ》

馬渕　「帰家穏坐《きかおんざ》（いるべき所に帰り、自分本来の姿に立ち戻り、そこに落ち着くこと）」という言葉があります。私も素人なりにこの言葉の意味を考えてみたのですが、「生きてた意味があった」と思うほどに腑に落ちた言葉です。これこそが「さとりの境地」なのかなと勝手に思っているのですが。

普通の人には「さとり」などそもそも関係がないと思われがちですが、仏教は普通の人が「どうさとるべきか」を教えているのではないかと思うのです。そうでなければ宗教は特定の方々が独占して、それで終わってしまう。それでは地球全体、宇宙全体がよくならない。すべての人間が帰家穏坐的な境地に達するというのが道元禅師の教えではないかと思うのですが、どうなのでしょう?

山岸　おっしゃるとおりだと思います。

1227年（安貞元年）、道元禅師が中国での修行から帰ってこられて最初に著されたのが『普勧坐禅儀《ふかんざぜんぎ》』なのですが、「普勧」というのは「あまねく勧める」ということです。ですから、決して特定の出家者だけではなく、万人に坐禅の実践を勧めるものです。

帰家穏坐というのは、家に帰って穏やかに座ると書きますが、私たち（曹洞宗の僧侶）からすると、これは「坐禅」のことなのです。

馬渕　なるほど、腑に落ちました。私は帰家穏坐の解説を読んで「これは只管打坐《しかんたざ》（ただひたすらに坐る）のことをいっているのではないか?」と素人なりに思ったのです。素人という言い方は妥当ではないかもしれませんが、だれにでもそういう発想ができる。

帰家穏坐という言葉を聞いて、これは只管打坐を言い換えたものじゃないかと思えること自体が日本人の特徴のような気がするのです。

それが自然に思える――つまり難しい仏典や古事記を読み込んだりしなくても、私たちはいま申し上げたような頭の体操ができる。ということは、私たちのＤＮＡのなかにそれが染み込んでいるのだろうという気がしてならないのです。

ゆえに「自分たちのなかに何があるのか?」に気づくことが広い意味で宗教が目指

すものなのではないでしょうか。

山岸　馬渕先生がおっしゃられた「DNAのなかに染み込んでいる」ということで思い出したのですが、私の神道への目を開かせてくださったひとりが、春日大社宮司であった葉室頼昭《はむろよりあき》先生です。葉室先生は『〈神道〉のこころ』（春秋社）のなかで「35億年前の記憶」ということをおっしゃっています。

葉室先生の博士論文のテーマが傷はどうやって治るかということだったのですが、そのプロセスを顕微鏡で観察していたら、出血を止めるために血管は収縮するのですが、そのために酸素がなくなるのです。

ではどうするか？　35億年前、植物が誕生する前は地球上には酸素がなかった。人間の細胞は35億年前の記憶を蘇らせ、酸素を必要としない発酵で傷を治癒させるというのです。

常不軽菩薩《じょうふきょうぼさつ》と中今《なかいま》

山岸　法華経《ほけきょう》（サンスクリット語原題：サッダルマ・プンダリーカ・スートラ）とい

うお経のなかに常不軽菩薩品《じょうふきょうぼさつほん》という話があります。
法華経はお釈迦様が亡くなってしばらく経ってからできたお経です（紀元1世紀以降にインドで編纂されたという説が有力）。ゆえに今日的な言い方をすればフィクションです。ですが、お経のなかの王様といわれています。

馬渕　法華経は日蓮宗が経典としているという理解でいいのでしょうか。

山岸　日蓮宗は法華経を表看板としてあげておられますので、もちろんそうなのですが、宗派というのは、あくまで後の世に成立したものですので、お経そのものには何の宗派もないと捉えていただければと思います。法華経も同様で、道元禅師（曹洞宗）も尊重されていますし、天台宗、浄土宗でも尊重されています。

馬渕　「日蓮宗だから法華経」というのは一元的な見方で、正確ではないのですね。

山岸　法華経の興味深い点は、喩え話が多いことです。いわゆる「法華七喩《ほっけしちゆ》」ですね。法華経に記された喩え話の代表的なもの七つのことです（三車火宅、長者窮子《ぐうじ》、三草二木、化城宝処《けじょうほうしょ》、衣裏繋珠《えりけいじゅ》、髻中明珠《けいちゅうみょうじゅ》、良医病子《ろういびょうし》）。

　馬渕先生は「古事記は感性で読まないと理解できない」とおっしゃっておられます。法華経の喩え話も同様に感性で理解すべきものだと思う次第です。

馬渕　なるほど、共通していますね。

山岸　常不軽菩薩品というのは、2500年前のお釈迦様の時代よりとてつもなく遡った時代、そこに仏がいて、その教えが徐々に徐々に形骸化し、かろうじて形が残っている――そんな大昔のことをお釈迦様が話されるという内容で、そこに登場するのが常不軽菩薩です。常不軽菩薩は少しでも仏に縁がある人を見かけるとその人の前に行って、インドですから五体投地して深々と礼拝《らいはい》され「将来あなたは必ず仏になります」と言っていたのです。

何しろ仏の教えが形骸化していた時代ですから、それを聞いて快く思わない人もなかにはいるわけです。常不軽菩薩はそういう人たちから、悪口を言われたり罵《ののし》られたり、それで収まらずに石を投げつけられたり棒で叩かれたりと酷い仕打ちを受けます。

そんな目に遭っても常不軽菩薩は少し遠くに離れて、その人たちに向かって「必ずあなたは将来仏になります」と拝んでいました。そういう姿勢から「常に軽んぜず」ということで常不軽菩薩という名前がついたのです。

お釈迦様はこのお話をされたあと、常不軽菩薩というのは自分のことだとおっしゃいます。そして、常不軽菩薩に対して悪口を言ったり、石を投げたり棒で叩いたりしていた人たちというのは、いま私の前でこの話を聞いてるお前たちなんだよ――と。

仏が人に仏となる確約を与えることを仏教用語で「授記《じゅき》」といいますが、誰に対しても仏になり得るその可能性を見出す、私はここに神道と同様の価値観があると思うのです。

さらに天文学的な数字を遡った過去の菩薩を「私なんだ」とおっしゃるところも神道の考え方に通じるといいますか、共通の価値観ではないかと思います。

馬渕 これは、ご承知のように神道でいうところの「中今《なかいま》」ですね。つまり、「いま」しかないということ。

山岸 おっしゃるとおりです。過去が自分とかけ離れたことではなく、いまの自分のなかにある。もちろん未来も。過去も未来も「いま自分がいる」ということだと、最近になって実感しています。

馬渕 常不軽菩薩のお話を聞いて、「一切衆生悉有仏性《いっさいしゅじょうしつうぶっしょう》」という言葉が浮かびました。一切衆生、つまりすべての人に仏性がある。これは仏教のどの宗派においても、仏教は一切衆生悉有仏性という理解でいいのでしょうか。

山岸 おっしゃるとおりです。小野善一郎先生がおっしゃっていた「私たちの先祖は神様だから私たちも神性が宿る」というところにもつながると感じます。

馬渕　だからこそ日本の仏教は成り立っているといえますね。私たちが修行することに意味がある。仏性を持っているからこそ修行ができる。

山岸　私たちは「修証一等《しゅしょういっとう》」（または修証一如《しゅしょういちにょ》）という言葉を使います。修行とさとりというのは「修行した結果、さとりに至る」というものではなく、そもそも修行とさとりは一体であるという見方です。道元禅師の言葉によれば「証上の修」。さとり（証）の上に修行（修）があるということです。

つまり、さとりを到達点として修行するわけではないということです。

仏法には、修証これ一等なり。いまも証上の修なるゆへに、初心の弁道すなはち本証の全体なり。かるがゆゑに、修行の用心をさづくるにも、修のほかに証をまつおもひなかれとをしふ。（『辨道話』）

修行もさとりも発心《ほっしん》も涅槃《ねはん》も一つで、ぐるぐる回っているという意味合いのことを道元禅師はおっしゃいます。

当然、それは道元禅師だけの教えではなく、仏教とは本来、修行した結果さとりを得るものではなく、さとりも修行も一つのものです。

これやこの悟らぬさきのさとりこそまだ迷ひ見ぬまよひなりけれ
（『慈雲尊者和歌集』）
※この歌には「本来菩提のこころをよめる」という題名がある。

これは、慈雲尊者の詠われたものですが、行き着いた方は、どなたにしても同じことをおっしゃるのではないかと思います。

馬渕　つまり、さとりと修行は同じものということですね。分かれてもいなければ、結果でもない。「さとり」と聞くと特殊なことのように思ってしまいますが、そうではなくて、私たち共通の人生の目的ともいえるのですね。

では、「さとりとはなんだ?」ということになるのですが、主婦には主婦のさとりがあり、料理人には料理人のさとりがあり、職業を持たれている方にはそれぞれのさとりがあるということになるのではないかと思います。

現代風に言い換えるなら「プロフェッショナル」であることではないかと。アスリートのゾーン（極度の集中状態にあり、他の思考や感情を忘れてしまう）のようなものをイメージしていただいてもいいかもしれませんね。

身心脱落《しんじんだつらく》と天孫降臨

馬渕　私の好きな言葉に「身心脱落《しんじんだつらく》」というものがあります。道元禅師の『正法眼蔵』を読んで出合った言葉です。（身心脱落：道元禅師が禅の修行を続け、到達した境地を表した言葉で、自分の身も心も執着がなくなる状態）

最後に身心脱落に至れれば、これが私なりのさとりなんだと腑に落ちました。そうなると、そもそもさとりなんて言葉を使う必要もないのでしょう。

山岸　私もそう思います。身心脱落という言葉は道元禅師の師である如浄《にょじょう》禅師（天童如浄：中国南宋の曹洞宗の高僧）が、門下に対し常に説いていた「参禅は身心脱落なり、焼香、礼拝《らいはい》、念仏、修懺《しゅさん》、看経《かんきん》を用いず、祇管《しかん》に打坐して始めて得ん」（『正法眼蔵』）に由来するもので、道元禅師はこの言葉を聞いて「豁然大悟《かつねんたいご》」されたといわれています。

参見《さんけん》知識《ちしき》のはじめより、さらに焼香、礼拝、念仏、修懺、看経をもちゐず、ただし打坐して身心脱落することをえよ。もし人一時なりといふとも、三業《さんごう》に仏印《ぶっちん》を標し、三昧《ざんまい》に端坐《たんざ》するとき、遍法界《へんほっかい》みな仏印となり、尽虚空《じんこくう》ことごとくさとりとなる。

（『辨道話』）　※三業：身・口・意の三つで起こす「業」（ごう）のこと。

馬渕　道元禅師の本を読んでいたら、身心脱落のあとに難しい言葉が出てきました。それが透体脱落《とうたいだつらく》です（「とうたいだつらく」は曹洞宗の伝統的な読み方。「ちょうたいとつらく」と読む場合もある）。

身心脱落の境地をもう一段上げると透体脱落となるということでしょうか。体が透き通るとは要するにこの肉体を超えるということ。そう言われても、三次元的な肉体を纏っている私たちがそんなことになるのかとも思うのですが――。

しかし、私たちはもともとは精神的な存在で、いまはたまたま三次元的な肉体を纏っているにすぎない――と考えれば、その肉体がいずれ進歩して透き通るというのもわからないことではないと思うのです。

山岸　身心脱落、透体脱落について私見を述べさせていただければ、本来私どもは脱落した存在なのではないかと思うのです。脱落することによって何かになるということではなく、本来脱落しているところにいながら、そのことに気づいていなかったり、本当の意味でなりきっていなかったりするのではないかと。

透体脱落、透体脱落とは、現在のものが変わって何かになるのではなく、そのこと自体は変わらない、いまのまるごとそのままが脱落しきった真実ということ、神道でいうところの「いま、ここが高天原」とまったく同じなのではないかと思うのです。

馬渕　おっしゃるとおりだと思います。お話を聞いて心強くしたのですが、古事記的に言えば「天孫降臨」ということです。

瓊瓊杵尊は精神世界（高天原）から、この三次元世界（葦原瑞穂の国）に降りて来られた。肉体を纏った三次元世界では自分と他人が肉体として分かれているので、別のもののように見える。ゆえに、どうしても自我というものが出てくる。その精神世界の境地を仏教的に見れば「身心脱落」だと解釈することができる。

山岸　馬渕先生のおっしゃるように、神仏習合を受け入れた私たちの先祖にとって、仏教の教えには響くものがあった。神道と仏教には共通の価値観が存在していたということですね。

馬渕　神仏習合を突き詰めると、それぞれの神髄は同じであることに行き着くということです。自分も他者も同じもの、つまり「一つ」ということ。

人間というものはたまたま肉体を区切られていますが、結局は一つだということに私たちはすでに気づいているはずなのですが、本当に自分のものとして納得できない。それを納得した境地がいわゆる「さとり」。つまりそれは、私たちが私たちの存在の本質に気づくことなのでしょう。

第4章

大和心の神髄

佐波優子氏との対話

日本は言霊の幸《さき》わう国

馬渕　第4章はかねがね注目していたというのは失礼な言い方ですが、その活躍ぶりに感銘を受けていた佐波優子さんをお招きして「大和心とは何か」というテーマで議論していきたいと思っています。この対談の様子は『馬渕睦夫チャネル』でも配信していますので、そちらもご覧ください。

佐波さんについては『日本文化チャンネル桜』などの番組キャスターとしてご存じの方も多いと思います。とはいえ、詳しくご存じでない方もいらっしゃると思いますので、あらためてここでご経歴をご紹介させていただきます。

佐波優子さんプロフィール
1979年生まれ。戦後問題ジャーナリスト、キャスター。陸上自衛隊予備自衛官。桐朋芸術短期大学文科卒業、慶應義塾大学環境情報学部卒業、令和5年同大学院修士課程修了。慶応義塾大学SFC研究所上席所員。
●オスカープロモーション所属ナレーターを経て、FMラジオ川越「佐波優子のにっぽん不思議の旅」パーソナリティ、日本文化チャンネル桜報道番組「Front Japan 桜」、「言霊の幸ふ国」、チャンネルAJER「佐波優子のにっぽん怖笑良ハナシ」、「国体の本義」等、17本のレギュラー番組キャスター、連載を務める。
●第3回「真の近現代史観懸賞論文最優秀藤誠志賞」受賞。平成13年より厚生労働省主催の戦没者遺骨収容派遣に参加し、ロシア、ミャンマー、硫黄島など12箇所の戦跡で戦没者のご遺骨を迎えてきた。「戦没者遺骨収集事業の協力者に対する厚生労働大臣感謝状」授与。「祖父たちの戦争体験をお聞きする孫の会」を主催し、兵士と若い世代を繋ぐ活動も行なった。
●専門は国学、民話、近現代史などで年間多数の講演を行っている。平成21年の「天皇陛下御即位二十年をお祝いする国民祭典」での「奉祝まつり」、令和元年の「天皇陛下御 即位をお祝いする国民祭典での「奉祝まつり」や三島由紀夫氏の追悼集会「憂国忌」など多数の行事で司会を務める。著書に『女子と愛国』（祥伝社）、『復刻版教科書 よみかた解説』（ハート出版）がある。

私が佐波さんにお会いしたのは、アパグループ主催「真の近現代史観懸賞論文」において「『大東亜戦争を戦った全ての日本軍将兵の方々に感謝を』～9年間の遺骨収集を通じて感じたもの～」が最優秀藤誠志賞を受賞されたときです。たまたま私の知り合いも優秀賞に選ばれていまして、「受賞パーティがあるから来てくれ」ということで参加しました。その会場に若い女性がいらっしゃって、それが佐波さんでした。いまからもう10年以上前になりますか――。

佐波優子さんと筆者

佐波　はい、２０１０年の出来事です。

馬渕　「どういう方なんだろう」と思ったのが最初でした。そのパーティで、ひとことふたことお話ししたように記憶していますが、何をお話ししたかははっきりとは覚えていません。ただ、佐波さんが大東亜戦争のとき外地で亡くなられた兵士の方々の遺骨収集に参加しておられるということは、私の頭にずっと残っていたのです。

　その後はキャスターや司会業だけではなく大学院で研究されたり、さらにはご自身でコンテンツの制作や発信もやっておられる。

佐波　「先人たちがどういう思いで生きてきたか」ということを軸に、日本の古典を紹介するような取り組みや、『言霊の幸《さきわ》ふ國』という番組など、さまざまな形で発信しております。

馬渕　その「先人たちの思い」というところに私も大いに共感いたします。佐波さんと議論することによって、その思いをみなさんと共有したいと思ったのです。

佐波　光栄です。ありがとうございます。

戦跡に残っている112万柱の方々

馬渕　まずは遺骨収集についてお聞きしたいのですが――。

私は遺骨収集をしたことはありませんが、ロシア（当時はソ連）に赴任していたときもウクライナにいたときも、その地で亡くなられた捕虜の方、兵士の方々の墓参に毎年行っていました。ただ、遺骨収集というと想像がつきません。遺骨収集の現場というのはいったいどんな現状だったのですか。

佐波　大東亜戦争では、約240万人の兵士の方々が様々な場所で戦死されました。そのうちの約112万数千柱の方々、約半数の方々のご遺骨が、まだ世界各地の戦跡に残っているといわれています。

毎年、厚生労働省を中心に、遺族会や戦友会、学生ボランティアといった多くの人々が現地の元戦場に赴いています。現場は、時間が経って当時とだいぶ地形も変わってしまっていますので、まずはその場所を特定することから始まります。特定ができたら、土を深く掘ったり、洞窟に入って兵士のご遺骨をお迎えします。

馬渕　どうして遺骨収集に参加しようと思われたのですか。

佐波　22歳のとき、友人に「神社の清掃奉仕に行こう」と言われて、お掃除をしようと思って行きましたら、たまたまそこが靖國神社だったのです。

馬渕　では靖國神社とは知らずにいらっしゃったのですか?

佐波　知りませんでした。清掃は大人数で行きましたが、そこでその友人が兵士の方の遺書をコピーして配ってくれました。それがそのときの私と同い年、22歳でお亡くなりになった茶谷《ちゃたに》武《たけし》さんというお名前の兵士の方の遺書だったのです。その方はフィリピンで戦死されました。

その遺書には、「私の肉体はここで朽つるとも、私達の屍を乗り越えて立ち上がってくる子供たちや孫たちのことを思えば、私達の死も嘆くにはあたらないと思いま

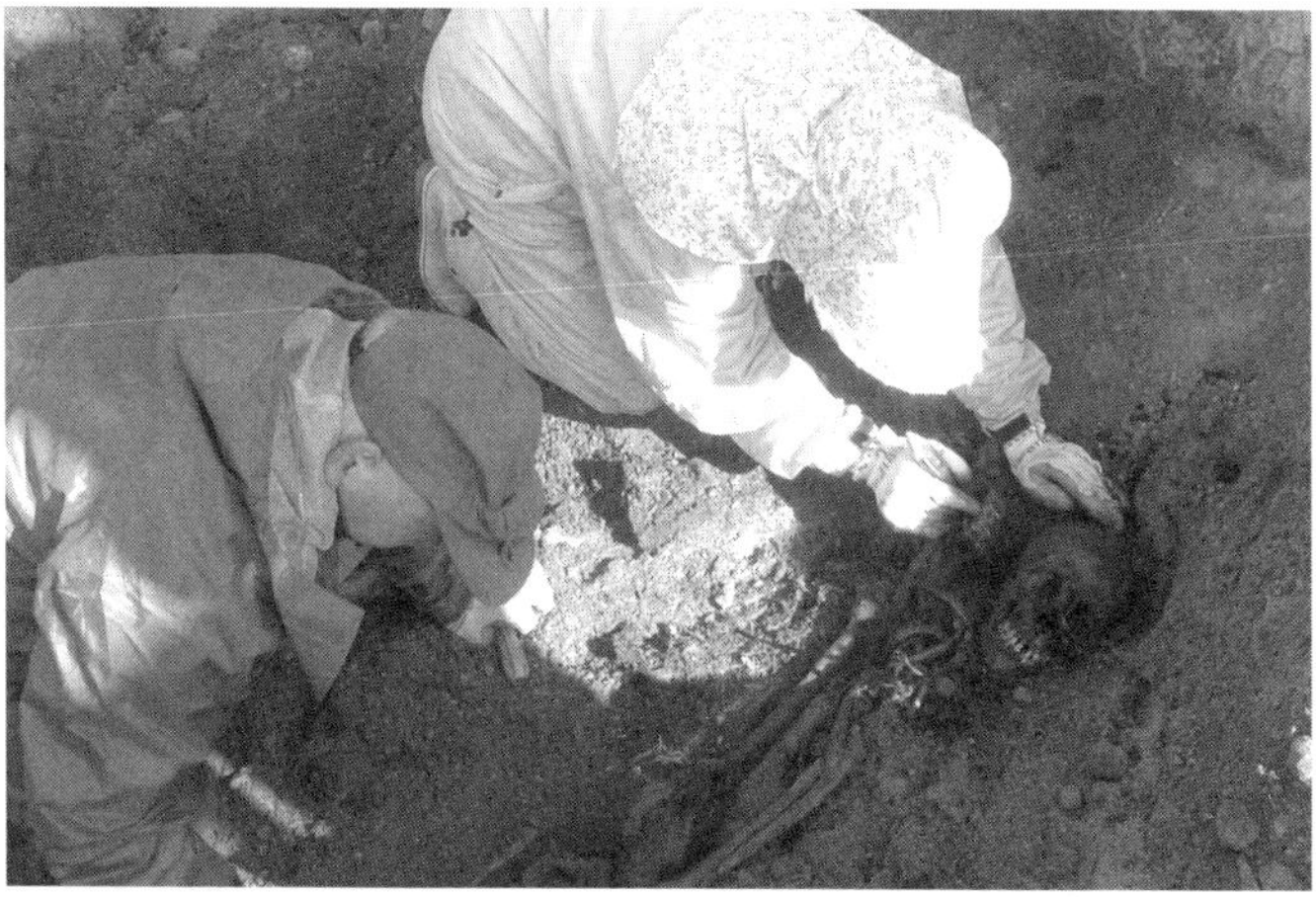

ロシアのザバイカル地方での遺骨収容の様子（提供／佐波優子）

す」「私のことを笑って褒めて下さい。武も笑って散ります。では父上母上、お身体を大切にして下さい。さようなら　武より」と書かれていました。

ちょうど同じ日に遺骨収容に参加されている大学生の方々のお話を聞く機会がありました。そのときに遺骨収容の現場の写真を見せてもらったのですが、その場所がフィリピンだったのです。「ああ、あの遺書を読んだ方と同じ場所だ」と思ったことを覚えています。

亡くなった日本の兵士の方々の遺骨が、日本に戻れずに海外にまだたくさん残っておられるとのお話を聞いて、驚きを隠せなかったと同時に、これから生まれてくる子供たちのために自分の命を捨てても嘆くにはあたらないとおっしゃってくださった茶谷武さんのような兵士の方の遺骨を迎えにいきたいと思ったのです。

馬渕　いまのお話には、日本人の死生観が表れているような気がしました。

当時22歳とはいえ、私たちの先輩がそういうお気持ちで亡くなっていかれたということは、「私たちは後輩として何をすべきなのか」ということを大いに示唆していると強く思います。おそらく佐波さんも偶然が重なって、何かに引かれるように、遺骨収集に行かれたのではないでしょうか。

こういうお話はわからない人には全然わからないので、それはそれでいいのですが、やはりなんらかの力が働いていたのではないか、そう思わざるを得ません。たとえ亡くなっていても、絶えず後輩の私たちに働きかけているのではないでしょうか。そしてそれが、佐波さんのアンテナにぴたっと収まったということじゃないかと思います。

予備自衛官

馬渕　佐波さんの経歴を知るうえでもう一つ重要な要素があります、佐波さんは予備自衛官なのですよね。

佐波　はい。予備自衛官です。

馬渕　予備自衛官とは、どういうことをやるのですか。

佐波　予備自衛官は、普段は学校に通っていたり、主婦、会社員など一般人として生活をしながら、自衛隊の訓練所に訓練に行って、自衛官としてひととおりのことができる技能を身につけます。

万が一、有事の際や震災などが起こったときは招集命令を受けて自衛官となり、駆け付けます。現職の自衛官のように実際の戦闘への参加は、いまのところ予定されていませんが、予備自衛官は災害救助、避難した住民の方々への救援、第一線の部隊が出動した後の駐屯地の警備や、後方支援をする役目があります。

馬渕　たとえば警察や消防団と協力してやるという具体的なことまで訓練しておられるのですか。

佐波　いずれは国として、そうなればいいなと思っています。

馬渕　まだそうはなっていないのですか。

佐波　はい。調べてみると過去に一部、警察や消防と連携した訓練はあったようですが、私が参加している訓練は自衛隊のみでの訓練です。ただ、警察や消防、海上保安庁などと連携をして訓練ができたら、もっと国の守りが強固になると思います。

馬渕　そうですよね。そういう佐波さんの経験一つからでも、口はばったいようですが、いまの日本に欠けていることがわかるわけです。とても貴重な経験をされておられると思います。

たとえば今回のハマスの件でイスラエルも「予備役を招集する」と言っていました。私はイスラエルに都合3年半いましたけれども、街角に軍服を着た若い男女がいつも銃を持って立っているのです。

いまも変わっていないでしょうが、彼らは高校を出ると男性は3年、女性は2年、兵役の義務があるのです。そこでひととおりのことは勉強して、それが終わってから大学に行くという感じです。ほとんどすべての国民に軍人経験があるということです。

今度のハマスの件を見ていて、予備役の招集といってもわれわれにはぴんと来ない。

予備役が何かというのがぴんと来ないのです。佐波さんは非常に貴重な経験をされたと思うのです。

佐波さんの予備自衛官の話を聞いて、「よし、俺もやろう！」という人がどれだけいるかということ。多くの方はそこまでいかない。「予備自衛官って、そういうことか」ぐらいで終わっているんじゃないか。これは悲観的な見方ではありますけれどね。

私も言論活動をやっている端くれとして、それが実践に結びつかないとわれわれの活動も中途半端に終わる危険があるわけです。

私が佐波さんに感心し、尊敬するのは、いろいろなことを自ら実践してこられたということです。しかも自らの意思で実践してこられたというところです。まだお若いと言ったら失礼ですが、まだお若いのに私以上にいろいろな現場を経験してこられた。だからこそ、佐波さんの何気ないひとことがたいへんな含みを持っている、意味を持っているという感じがします。

佐波　ありがとうございます。いまの若い人にこそ、予備自衛官の訓練が必要だと私は思っています。それは決して軍事的な技術が身につくという意味ではないのです。もちろん、そういったこともとても大事ですが――。

ある訓練に行ったときに、とても元気がない若い男性が一人いたのです。背筋も丸くなっていて、目にも精気がなく、いつも暗い顔をしていました。

気になって話を聞くと、「自分は学校でもいじめられていて、学校を卒業してからは仕事も進学もしなくて、ニートのようなものでずっと家でゲームをしているんだ」と言うのです。

親に「そんなふうに家にずっといるんだったら、バイトをするか、予備自衛官の訓練でも行け」と言われたそうです。結局、アルバイトには全部落ちてしまって、ここしかなかったと。「自分は社会も憎んでいるし、親も憎んでいる……」とも言っていました。

その後、3カ月ぐらい経ったころ、その男性と訓練所ですれ違ったことがありました。丸まっていた背筋が急に伸びて、目もぱちっと開いていました。何か訓練の後なのか、顔にはちょっと泥がついていて……、すっかり見違えました。

休み時間に話を聞いてみると、「自分はいろいろな訓練をしていて、訓練がいやで、いやでしようがなかった。早く帰りたいと思っていたけれども、それでもやっと訓練が終わって家に帰るときに、自分は家に帰ってからゲームができるけれども、現職の自衛官はこれを365日やっているんだと思ったら、急に感謝がわいてきたんだ」と言うのです。

馬渕　なるほど――。

佐波　私が「自衛隊に対して感謝がわいたんだね」と言ったら、「自衛隊じゃなくて、親とか社会に」と答えてくれました。「こんなふうに自衛隊に自分たちが守られているように、自分自身もいままでいろいろな人に守られていたんだなという気持ちになって、憎しみの気持ちが感謝の気持ちに変わって家に帰った」と。

その後、アルバイトの面接を受けたら受かって、いまはバイトしながら訓練に来ていると言っていました。

親や先祖、社会への感謝を戦後の日本人は忘れがちでした。ですが彼は、自分が普段の「守られる側」から自衛官として「守る側」になったときに、自分を取り巻くものへの感謝の気持ちがわき起こってきた。そうしたことも訓練の成果だと感じます。

馬渕　私の知り合いにも、いじめに遭ったりして不登校になった子どもさんを抱えた親御さんもおられます。消極的になっては何も解決策は出てこないんだろうということでしょうね。実際に予備自衛官の訓練に参加して、いまおっしゃったように両親への感謝の気持ちが出てきたということは非常に私の胸に迫る話でした。

引きこもりの子どもさんを抱えている読者の方がいらっしゃるかどうかはわかりませんけれども、知り合いにそういう子どもさんがいらっしゃったら、なんでもいいですからぜひ外での実践を勧めてみていただきたいです。

ギタリストのアントニオ古賀さんという方がおられます。

彼はキューバという国を愛しておられる。そして毎年、キューバに中古ピアノを寄贈されているのです。そういう実践をしておられるのです。私もキューバに赴任していたので親しくさせていただきました。

ちなみに、キューバというのはおもしろい国です。隕石が落ちた国ですから、なにか独特のエネルギーが充満している気がします。そんな思いもあって、アントニオ古賀さんに日本の音楽家とキューバ人の音楽家のどこが違うかを尋ねると、彼は「感性だ」と言うのです。

佐波　感性ですか。

馬渕　日本の音楽家は技術には長けている。子どものころからいろいろ勉強しますからね。キューバの人はそういう勉強の機会は少ないかもしれないけれど、やはり国の雰囲気なのですよね。感性にはすぐれている。そこには、日本はかなわない。そういうことをおっしゃっていたのです。

私が言いたいのはそこからなのですけれども。それで、アントニオ古賀さんは毎年、自分のファンと一緒にキューバを旅行されるのです。

私が駐在しているときに、アントニオ古賀さんをお招きしてお話を聞いたのですが、そのなかに先ほどの佐波さんの予備自衛官のエピソードに重なるお話がありました。

アントニオ古賀さんと一緒に10日間ぐらいキューバを旅行した方々の中に一人、不登校の高校生がいたそうです。ただ旅行して回っただけなのですが、日本に帰ったら学校に行けるようになった。それはたまたま偶然とかそういうことではなくて、キューバという雰囲気が持つ一つの癒やしの力ではないかと思うのです。

それと、予備自衛官のエピソードに通じるのは、われわれは何かを実践することによって気づけるということ。この不登校の高校生にとっては思い切ってキューバを旅行するということによって、それまで気づけなかったことに気づけたということではないかと思うのです。

われわれのまわりにある、われわれが日々経験することは、すべてそういう学びの場であるということを間接的に佐波さんはおっしゃっているんだろうと、私は自分なりに解釈しました。

佐波　私はキューバに行ったことはありませんが、テレビなどで見るとすごく明るい国で大きな底力を感じます。

馬渕　そうなのです。

佐波　日本もかつては、外に出ると明るくてたくさんの子どもたちが元気に遊んでいて、外国人から見ると子供たちが世界一、幸せな国と呼ばれていた国でした。でも、それが戦後は失われてしまいました。子どもたち全体に覇気がない。ですが、先人が生きてきた日本の底力を取り戻したいです。

馬渕　そういうことでしょうね。これは、安倍晋三さんがおっしゃった「戦後レジームを脱却して日本を取り戻す」にも通じ、本来、日本はそういう底力があるので、それを取り戻すという意味にも解釈できるのです。

しかし、何かの実践を通じないと取り戻せないのではないか、そういう気がします。

佐波さんの人となりを知るために、遺骨の収容作業と自衛隊の訓練の二つについておうかがいしました。佐波さんの感性というものに私なりに非常に感じるところがあります。

感性というのは説明できないのです。「感性とは何か」などという理屈を繰り広げる人がいますけれど、そんなことはわからないのです。感じるものなのですから。

ところが、いまのわれわれはその「感じる」ということに関心がなくなっている。子供さんはとくに関心がなくなっている。だから、親も関心がなくなるわけです。学校の教科書の難しい勉強は若干できても、感じることができない。むしろいまは知性よりも感性の時代なのに。

私は常々、佐波さんは感性の視点から日本のいろいろな伝統文化をもう一度解釈し直すということにご関心があるんだろうと思って注目していたわけです。

大和心とは何か？

馬渕　ここからは今回のテーマである「大和心とは何か」について議論していけたらと思います。

「大和心とは何か」と聞かれたときに、佐波さんがどのようにお答えになるか関心があるのですが。

佐波　私は、先人からずっと受け継いできたものを自分の心のなかで温め、それがまた次の世代に受け継がれていく、そうやって心のなかでずっと受け継がれてきたものが大和心だと解釈しています。

日本の歴史を見ると、飛鳥時代には中国のいろいろな教えが、江戸時代はオランダやポルトガルなど異国《ことくに》の外国の教えが入ってきました。そして近代はグローバル思想によって、世界基準という名目のもと、日本的なものが軽視され、壊されてきています。そんななかにおいても、日本人がずっと守ってきたもの。それが「大和心」だと思います。

馬渕　なるほど。たとえばそれを象徴するようなもの、いつも頭に浮かぶものはありますか。

佐波　私がいつも頭に浮かべているのが、戦後、宮中で起こった、煙と鋏《はさみ》に関する話です。

馬渕　煙と鋏ですか。

佐波　はい。煙というのはふわふわ漂っている煙で、鋏は物を切る道具で、まったく関連性がないように思えますが、昭和天皇の侍従を長く務められた木下道雄さんが、1968年に『宮中見聞録』（新小説社）という本を書かれています（1998年に日本教文社より『新編 宮中見聞録：昭和天皇にお仕えして』として復刊）。「煙と鋏」のお話は昭和天皇のずっとおそばにいた木下道雄さんが『宮中見聞録』に書かれた思い出の一つなのです。

終戦を迎えた昭和20年の暮れのことです。マッカーサー司令部（GHQ）が日本の神道に関する指令を出すなど、日本の國體が壊されようとしていた時期でした。

12月22日の夜、皇居吹上御苑内の建物、御文庫で、天皇陛下、皇后陛下、侍従や女官など多くの方々が集まってお茶の会が開かれました。

その時、参加されていた板沢武雄先生がこうおっしゃいました。

この司令部の指令は、顕事《あらわにごと》を以て幽事《かくりごと》を取り扱うものでありまして、

この「顕事（あらわにごと）」というのは神道の言葉でちょっと難しいのですが、つまり、俗世間のもので日本の神の世界を取り扱うようなものといいますか、ずっと

続いてきた日本の國體というものを外国の価値観で取り扱っているようなものなのだ、と。さらに続けて、板沢先生はこうおっしゃいました。

譬《たと》えて申しますならば、鋏を以て煙を切るようなものと私は考えております。

鋏は、日本を取り壊そうとしているGHQのさまざまな指令です。煙とは日本がずっと連ねてきた歴史や伝統、先人たちの思いを現しています。ふわっと漂っている煙……たとえば、たゆたっている線香の煙を思い浮かべていただきたいのですが、それを鋏でチョキンと切ろうとしても、煙が一瞬かき乱れるだけで、その煙がぽきっと折れるとか、落ちることはありません。また新たな煙が立ち上がり、何事もなかったかのようにたゆたう――。

どんなに鋏で切ろうとしても、結局は切れずにずっと漂っている。それが日本であるとおっしゃった板沢先生の言葉は、まさに日本の國體や大和心というものをとてもよく表していると思います。

翌日、天皇陛下が「この話を指令部の人たちに聞かせたかった」とおっしゃっていたということが、この『宮中見聞録』に記されていて、私は胸のすくような思いでその部分を読みました。そのように、外国の教えが入ってきても、切ることのできないのが大和心であり、國體であると思います。

馬渕　なるほど。私は初めてこのお話をうかがって、よくわかりました。私の受け止め方というか印象は、佐波さんの思いとはちょっと違うのかもしれませんが、いまのお話を聞いて私は「天孫降臨」を思い浮かべたのです。

煙にあたるのが天孫、つまり、高天原の文化であって、精神性の話、あるいは霊性の話です。そして、鋏そのものは三次元的なものです。

天孫降臨が私たちに示唆するのは、高天原の霊性と地上世界の物質性のバランスをどうとっていけるか、ということ。いまおっしゃった俗世界でどのようにバランスをとっていくかということにも、つなげようと思えばつなげられます。私自身はそういう感じを受けました。

それは、佐波さんがおっしゃったように「國體」なのです。國體の神髄がこれなのですね。これがわれわれのＤＮＡに染み込んでいるんだという気がしてなりません。それが存在する限りは、われわれは決して捨てたものではない。日本はまだ滅ばないというか、逆に滅んではならないんだという気がいたしますね。

その関連で申し上げますと、私は大和心と漢意《からごころ》について『日本を蝕む新・共産主義』(徳間書店)という本で詳しく書きました。われわれが漢意に対してどのように対応するかということは、国際社会と共存するうえで永遠のテーマなのです。

そんな視点で岸田政権を見れば、漢意に絡めとられて、大和心を忘れているということです。漢意と大和心というのは別に二者択一ではない。漢意を勉強するのは結構だけれども、その前提に大和心という軸がないとふらふらするだけです。

岸田首相には申し訳ないですが、いま岸田政権は大和心をなくして、漢意に絡めとられてふらふらふらふらしている。だから、アメリカが右だと言えば右に行く、左だと言えば左に行く、上に行けと言われれば上に行く。そういう印象を私は持っています。

結局、大和心こそが日本の國體の神髄であって、芥川龍之介はこれを「日本の伝統的な造り変える力」という言い方をしています。

先ほどのお話にもあったように、思想だけでなくて物も含めて外国からいろいろなものが日本に入ってきました。しかし、日本はそれを日本の国情に合うようにつくり変えて受け入れてきた。しかし、国情に合わせず、つくり変えずそのまま、なんでもかんでも入れてしまうというのが、いまの岸田政権のやっていることです。

そうじゃない。日本の国情、國體に合うものは受け入れるけれども、合わないものは受け入れない。それが、日本がこれまで行ってきた外国の思想、漢意への対処法だったのです。

それを芥川龍之介は「造り変える力」と表現しました。それがあるからこそ、私たちは異国の文化を歓迎してきた。そもそも日本というのは古より開かれた国で、さまざまなものを受け入れてきたのです。そして外国人も日本に来ると日本人になる。

芥川龍之介の『神神の微笑』という短編小説を読めば、日本の文化の神髄は何かということがわかります。なぜいままで日本が存在できたのか。

つまり、中国文明に飲み込まれずに、あるいは仏教に飲み込まれずにいられたのか。

その秘訣が書いてあります。

　それは何人でも帰依するでしょう。ただ帰依したと云う事だけならば、この国の土人は大部分悉達多《したあるた》の教えに帰依しています。しかし我々の力と云うのは、破壊する力ではありません。造り変える力なのです。(『神神の微笑』)

佐波　同じようなことを貞明皇后が和歌に詠まれていらっしゃいます。貞明皇后は大正天皇の皇后で、昭和天皇のお母様です。

異国《ことくに》のいかなる教《おしえ》入り来るもとかすはやがて大御国《おおみくに》ぶり（『神祇御歌《じんぎみうた》』）

外国のどんな教えが入ってきたとしても、日本がそれに飲み込まれたり、日本的なものがつぶされたりするのではなく、むしろそれを融かしてしまう、融合させることが、まさに日本の在り方なのです——と。

それこそが、いままでずっと日本が日本であり続けてきた、まさに日本の神髄を表している言葉ではないかと思います。

馬渕　おっしゃるとおりですね。融かす力、すなわち造り変える力であるということ。だから、どんな漢意が入ってきても、日本には融かす力があるんだ、と。その融かす力の源泉は、日本の天孫降臨以来の伝統である、と。簡単に言えば、そういうことなのです。

　貞明皇后の御歌にあるように、日本という国は生まれて以来、そういう同化力を持っているということです。それは大和魂といってもいいし、大和心ともいえるのではないかと思うのです。

佐波　本当にそう思います。これまで唐やオランダの学問など、学問として取り入れた場合には、日本国内でそれを活かそうという思いも動いたと思います。

　しかし、戦後の日本を考えますと、日本の國體をつぶそうという外国の思いや思惑を非常に強く感じます。

馬渕　そうなのです。昔からそうなのですけれどね。一番典型的なのはキリスト教の伝来で、1549年です。芥川龍之介の『神神の微笑』によると、たとえば儒教が入ってきたときも、当時文字を持っていなかった日本は、それを造り変えて中国語の文献を日本語読みした。だから、中国文明に蹂躪されなかった。

　ところが実際はあるのです。まあ、御聞きなさい。はるばるこの国へ渡って来たのは、泥烏須《でうす》ばかりではありません。孔子、孟子、荘子、――そのほか支那からは哲人たちが、何人もこの国へ渡って来ました。しかも当時はこの国が、まだ生まれたばかりだったのです。支那の哲人たちは道のほかにも、呉の国の絹だの秦の国の玉だの、いろいろな物を持って来ました。いや、そう云う宝よりも尊い、霊妙な文字さえ持って来たのです。が、支那はそのために、我々を征服出来たでしょうか？　たとえば文字を御覧なさい。文字は我々を征服する代りに、我々のために征服されました。私が昔知っていた土人に、柿の本の人麻呂と云う詩人があります。その男の作った七夕の歌は、今でもこの国に残っていますが、あれを読んで御覧なさい。牽牛織女《けんぎゅうしゅくじょ》はあの中に見出す事は出来ません。あそこに歌われた恋人同士は飽くまでも彦星と棚機津女《たなばたつめ》とです。彼等の枕に響いたのは、ちょうどこの国の川のように、清い天の川の瀬音でした。支那の黄河や揚子江に似た、銀河の浪音ではなかったのです。しかし私は歌の事より、文字の事を話さなければなりません。人麻呂はあの歌を記すために、支那の文字を使いました。が、それは意味のためより、発音のための文字だったのです。舟《しゅう》と云う文字がはいった後も、「ふね」は常に「ふね」だったのです。さもなければ我々の言葉は、支那語になっていたかも知れません。これは勿論人麻呂よりも、人麻呂の心を守っていた、我々この国の神の力です。のみならず支那の哲人たちは、書道をもこの国に伝えました。空海、道風、佐理、行成——私は彼等のいる所に、いつも人知れず行っていました。彼等が手本にしていたのは、皆支那人の墨蹟です。しかし彼等の筆先からは、次第に新しい美が生れました。彼等の文字はいつのまにか、王羲之でもなければ、褚遂良《ちょすいりょう》でもない、日本人の文字になり出したのです。しかし我々が勝ったのは、文字ばかりではありません。我々の息吹きは潮風のように、老儒の道さえも和げました。この国の土人に尋ねて御覧なさい。彼等は皆孟子の著書は、我々の怒に触れ易いために、それを積んだ船があれば、必ず覆ると信じています。科戸《しなと》の神はまだ一度も、そんな悪戯はしていません。が、そう云う信仰の中にも、この国に住んでいる我々の力は、朧《おぼろ》げながら感じられる筈です。あなたはそう思いませんか？（『神神の微笑』）

仏教が入ってきたときには、神仏習合思想で日本仏教をつくってしまった。そのため日本人が仏教と聞いて思い浮かべるのは、日本仏教の開祖です。曹洞宗なら道元さん、真言宗なら空海さんを思い浮かべるということです。インドなり中国なりの偉いお坊さんではなくて、日本人の偉大な僧を思い浮かべる。そういうふうにして、日本は漢意に打ち勝ってきたということなのです。

仏陀の運命も同様です。が、こんな事を一々御話しするのは、御退屈を増すだけかも知れません。ただ気をつけて頂きたいのは、本地垂跡の教の事です。あの教はこの国の土人に、大日孁貴《おおひるめむち》は大日如来と同じものだと思わせました。これは大日孁貴の勝でしょうか？　それとも大日如来の勝でしょうか？　仮りに現在この国の土人に、大日孁貴は知らないにしても、大日如来は知っているものが、大勢あるとして御覧なさい。それでも彼等の夢に見える、大日如来の姿の中には、印度仏の面影よりも、大日孁貴が窺われはしないでしょうか？（『神神の微笑』）

また、芥川龍之介は非常に重要なことを言っています。芥川龍之介が『神神の微笑』を書いたのは1922年（大正11年）で、そのころ、日本の思想界はたいへん混乱していました。自由主義や民主主義だけでなく、社会主義、共産主義までが入ってきた。その混乱のなかで、「日本はまだこの造り変える力が十分に発揮できていない」と言っているのです。

泥烏須が勝つか、大日孁貴が勝つか――それはまだ現在でも、容易に断定は出来ないかも知れない。が、やがては我々の事業が、断定を与うべき問題である。君はその過去の海辺から、静かに我々を見てい給え。たとい君は同じ屛風の、犬を曳いた甲比丹《カピタン》や、日傘をさしかけた黒ん坊の子供と、忘却の眠に沈んでいても、新たに水平へ現れた、我々の黒船の石火矢の音は、必ず古めかしい君等の夢を破る時があるに違いない。それまでは、――さようなら。パアドレ・オルガンティノ！　さようなら。南蛮寺のウルガン伴天連《バテレン》！

（『神神の微笑』）

芥川から見ると、われわれに当たるのでしょうが、後輩の日本人がそれに決着をつけるというか、ユダヤ・キリスト教文明、いわばグローバリズムでしょうね、それを芥川は破壊文明と言っていて、日本の後輩たちがそれを造り変える、と。それで、日本は最終的には勝つということを書き残しています。

ところが、本来それをやるべき歴代の首相のなかでも、岸田首相はとんでもないやり方をした。言ってみれば、造り変えることに努力するのではなく、破壊する側に回ってしまったということ。いまわれわれがこうむっているさまざまな問題は、こう言っては申し訳ありませんが、岸田政権のやり方です。破壊する側に自らが回った。

これは芥川龍之介も予想できなかったことですね。まさに日本人が、そういう意味では漢意というか、異文明のほうに入ってしまった、仲間になってしまった。それがいまの日本の状況だといってもいい。

岸田首相だけではなく、日本の政治家に勉強してほしいのは大和心ということです。それで思い出すのは、明治天皇の御製《ぎょせい》です。

しきしまの大和心のをゝしさはことある時ぞあらはれにける

いまが「ことある時」なのです。まさに国家の一大事のときです。このときに大和心が現れるということをおっしゃっている。

いまわれわれが大和心を取り戻す――すでに持っているんだけれども、それに気づく――ことがいまこそ要求されている、と。いま貞明皇后の御歌をうかがいながら、私は改めてそう感じましたね。

佐波　いまの御製をお聞きして私も思いました。日本の歴史を見ていきますと大和心という言葉がよく出てくるのは、中国の教えに席巻されて日本本来の精神が低く見られていた中世や、西洋が押し寄せてくる幕末でした。そして、もう一つが「いま」です。日本人が心を取り戻す時期は、まさに「いま」ではないでしょうか。

心のなかに潜在的に残っているものもあるとは思いますが、とはいえ先人たちからの学びというものをきちんと子供たちに伝えていかなければなりません。どんなに心のなかに生まれつき持っていたとしても、それだけでは足りない部分もあると思います。

そういう意味でも、失われた教育の復活が大切だと考えています。とくに偉人伝を教えていくのが重要です。先人たちがどんなふうに生きて、どんなふうに困難を克服したのか。それを子供たちが知識として知るよりも、感動することが大事だと思いませんか。

馬渕　いま、とても重要なことをおっしゃったと思います。知識ではなくて感動なのですね。それは、知性ではなくて感性だというのと同じことです。

もちろん知識は必要です。いまおっしゃったように基本的な知識は必要だけれども、それは勉強のための勉強じゃないんだ、と。それをもとにして、われわれはどのように感性を磨き、それを発揮させていくかということです。

大和心の神髄について研究した先人はたくさんいますが、そのなかでも最重要人物が本居宣長です。みなさんもご存知のように本居宣長は国学の祖ともいわれています。日本本来のものを取り戻すために宣長は外来文化の影響を受ける前の日本人の心、すなわち大和心を知るために、記紀や万葉集をその半生をかけて研究しました。

宣長の大和心についての有名な歌がありますね。

敷島の大和心を人問はば朝日に匂ふ山桜花

そう、山桜花なのです。堤防に並んでいる、きれいに剪定された桜並木ではなくて、山にただただ咲いている、咲き乱れている桜だ、と。こういうことですね。

この歌は「本居宣長六十一歳自画自賛像」の賛（絵画に添える詩文）に記されています。これは「あなたの姿形はわかったが、心について尋ねたい」という問いかけを想定しているとのことですが、宣長の心、すなわち大和心を表したものです。

では宣長が問題視した「漢意」とは何か。彼の随筆『玉勝間　巻1』でそのなんたるかが解説されています。


漢意とは、漢國のふりを好み、かの國をたふとぶのみをいふにあらず、大かた世の人の、萬の事の善悪是非を論ひ、物の理をさだめいふたぐひ、すべてみな漢籍の趣なるをいふ也、さるはからぶみをよみたる人のみ、然るにはあらず、書といふ物一つも見たることなき者までも、同じこと也、そもからぶみをよまぬ人は、さる心にはあるまじきわざなれども、何わざも漢國をよしとして、かれをまねぶ世のならひ、千年にもあまりぬれば、おのづからその意世ノ中にゆきわたりて、人の心の底にそみつきて、つねの地となれる故に、

我はからごゝろもたらずと思ひ、これはから意にあらず、當然理也と思ふことも、なほ漢意をはなれがたきならひぞかし（後略）

（『玉勝間』巻1「からごゝろ」）

つまり、漢意とは中華文化を好み、それを尊重することだけではないということです。あらゆることの善悪や是非を論じ、理屈でものを考えようとする儒学者的なものの考え方すべてとまでいっているのです。

しかもそれは、中華に傾倒した有識者だけでなく、中華の書や考え方に直接ふれていない人にも及んでいると。なぜなら日本は中華思想を是として1000年（江戸時代において）にもなるのだから、知らないうちに日本人の思考に漢意が影響している――。

漢意の影響を排除すること、それを宣長は「清く洗い去て」（古事記伝）と表現しています。これは神道の「祓う」にも通じます。

この陰陽の理といふことは、いと昔より、世ノ人の心の底に深く染着たることにて、誰も誰も、天地の自然の理にして、あらゆる物も事も、此の理をはなるることなしとぞ思ふめる、そはなほ漢籍説に惑へる心なり、漢籍心を清く洗い去て、よく思へば、天地はただ天地、男女はただ男女、水火はただ水火にて、おのおのその性質情状はあれども、そはみな神の御所為にして、然るゆゑのことわりは、いともいとも奇霊く微妙なる物にしあれば、さらに人のよく測知べききはにあらず（『古事記伝』）

敷島の大和心を人問はば朝日に匂ふ山桜花――この歌は「理屈を取り去れば、日本人の感じる心が動き出す」と、教えてくれているような気がします。

それに通じるのが、私が大切にしている二宮尊徳の歌です。

ふる道につもる木の葉をかきわけて天照す神の足跡を見ん（『二宮翁夜話』）

「ふる道」というのは、日本固有の道、つまり惟神の道です。つもる木の葉とはすなわち、漢意のことです。まさに宣長と同じことを教えてくれているのです。

渡来人も大和心になる

馬渕　私は一度、耕雨塾で今様歌（平安中期までに成立し，鎌倉初期にかけて流行した歌謡）を歌い上げたことがあるのです（笑）。そこで披露した頼山陽の歌を味わっていただきたく思います。

花より明くるみ吉野の春の曙見わたせば
もろこし人も高麗人も大和心になりぬべし（頼山陽）

吉野の山桜を見たら、みんな大和心になる、と。それが芥川龍之介の言った、日本の造り変える力でもあるのですよね。

われわれがずっと議論してきた大和心とはなんぞや、國體の神髄とはなんぞやというのは感性でないとわからないわけです。ところが、それを難しく解釈する学校の先生がたくさんいて、それがかえって難しくしているでしょう？

佐波　馬渕先生がご紹介くださった和歌を堪能して思ったのですが、大和心や大和魂

吉野山の桜

の「大和」という言葉には、二つの側面がありますね。本居宣長の朝日に匂う山桜花を見て美しいと思う感性と、もう一つは日本人としての雄々しい、何かを守るために立ち上がるという感性の両方です。

　かくすればかくなるものと知りながらやむにやまれぬ大和魂（吉田松陰）

　この吉田松陰の歌は、やむにやまれず自分が立ち上がるという勇気ですよね。「勇気」の「勇《ゆう》」という字と、先生がおっしゃった美しい花をめでる優しさの「優《ゆう》」。特攻隊をはじめ先の大戦で戦死した兵士の方々の遺書にも、両親・妻・子供たちや日本人を守りたいという「優しさ」と、だからこそ戦うという「勇気」の両方を感じます。私は「勇ましさ」と「優しさ」の「勇」と「優」という言葉が、大和心、大和魂という言葉を表す二つの側面なんじゃないかと解釈しているのです。

馬渕　まさにそうだと思います。その二つの側面は矛盾するものではなくて、その二つが合わさって一つの大和心であり、大和魂であるということなんでしょうね。対立するものではなく、一つであるということでです。

佐波　おっしゃるとおりですね。「ますらをぶり」と「たをやめぶり」、男性性と女性性といいますか、二つが混ざり合って一つだと感じますよね。

馬渕　そうなのです。そこが、いまのジェンダーフリー論者の決定的に間違っているところなのです。「ますらをぶり」「たをやめぶり」という言葉が事実上、いまは死語になっています。でも、われわれはすぐに思い出せるはずなのです。

私と佐波さんはお互いに背景は全然違いますが、これまでいろいろな経験を通じて気づきの旅を続けてきた。その旅を今度は読者のみなさん方にも受け継いでいただきたいと思うのです。

日本では古代が生きている

佐波　日本の「源流」を見据えておられた渡部昇一先生は、私にとって大和心を学ぶ上で欠かせない方です。ご生前は番組など仕事でご一緒させていただく機会もあり、多くのことを学ばせていただきました。

馬渕　私も渡部先生は心より尊敬申し上げています。

佐波　『古事記が語る原風景』（岡野弘彦、渡部昇一他著、ＰＨＰ研究所）で渡部先生がおっしゃっていたことが私の心に残っています。渡部昇一先生の若いときのお話なのですが、渡部先生がアメリカで教えていらっしゃったときに、日本にいったん帰国することになって、その途中でギリシアのスニオン岬に寄られたそうです。ところで馬渕先生はギリシアには？

馬渕　訪れたことはあります。エーゲ海は神々が住んでいるような感じがしましてね。日本と同じで、ギリシアも神々の国であり、神々がいたといわれている場所です。

佐波　渡部先生がスニオン岬を泳いでいたときに、何か茶色い建物が見えたので、なんだろうと思って陸に上がって近寄ってみたそうです。

すると、それはポセイドン神殿でした。渡部先生が見たポセイドン神殿は、朽ち果てて草木も生えていなくて、石が転がっているだけの廃墟のようだった、と。

渡部先生が行かれたときは、観光客が一人も来ていない状態で、ギリシア神話のポセイドン神殿であるのに人がいないということに驚かれたそうです。

その後、渡部先生が日本に帰ってきて、今度はご家族で宮城県の鹽竈《しおがま》神社にいらっしゃいました。馬渕先生は鹽竈神社に行かれたことはありますか。

馬渕　鹽竈神社は行ったことがないですね。

佐波　私もまだ行ったことはありませんが、とても緑の多い神社だそうです。緑が多いと湿気が非常に多いですよね。その環境で木造の神社がずっと残っていることに、渡部先生はとても驚かれたとおっしゃっています。

神社のような場所であっても、木造の建物はしばらく人が訪れていないと朽ち果ててしまう。でも、木造の建物でも神社のようにずっと人が訪れて手を合わせるていると、神社でなくても日常的に使っていると、建物は衰えないということに、渡部先生は驚いたとおっしゃいました。

実際にこの鹽竈神社を調べてみますと、１２００年以上の歴史があるようです。そ

鹽竈神社：写真メソポタミア／PIXTA

れだけの長い歴史のなかで大きな火事に遭うなど、いろいろなことがあったみたいですが、その都度、私たちの先人に当たる方々が再建して、さらに毎日手を合わせる場所にしていた。

それを渡部先生はなんとおっしゃっていたかというと、「ああ、日本では古代が生きている」と。そして、「日本は少なくとも先進国では例がない、神話時代から生きている文化を持っている唯一の国だ」と。

私は「古代が残っている」ではなく、「古代が生きている」という言い方をされていることに感じ入りました。

普通ならば古代の建造物、たとえばピラミッドについても「ピラミッドが生きている」とは言いません。「こんな大きな建物が残ってたんだ」と、「残っている」という言葉をつい使いそうなところを、ここでは「生きている」という言葉を使っているのが日本的だと思ったのですが、いかがですか。

馬渕　おそらく日本文化というか、日本の国柄の本質を渡部先生はそういうふうに表現されていると感じました。日本は古代というか、日本建国以来だと思いますが、それが生きている。いまに生きているわけです。だから、日本は古くないんだということです。

佐波　そうですよね。

馬渕　伝統というのは、そういうものだということでしょう。けっして古くない。伝統というのは古いものだと考えがちですが、そうではない。つまり、「伝統」とは古くないものをいうわけです。そういうふうに私は感じました。渡部先生がおっしゃる「日本では古代が生きている」というのは、われわれがずっと古代のなかに生きているとも解釈できるわけです。

佐波　現代が古代ともいえますね。

馬渕　現代と古代。現代と古代を分けるものがない、ということです。現代をひっくり返せば古代、古代をひっくり返せば現代ということだと思います。
神道ではそれを「中今《なかいま》」というのです。いまが重要なのです。でも、いまのなかには古代が生きている。渡部先生がおっしゃるのはそういうことじゃないかと思いました。

佐波　歴史の授業では、平安時代、鎌倉時代と時代を分けますが――長い古代に生きている、その先端に私たちがいると考えられますよね。

馬渕　そうなのです。まあ教科書だから便宜上分けざるを得ないのですけれども（笑）。たとえば平安時代と鎌倉時代で、鎌倉時代になったからといって、とたんにがらっと世の中が変わるわけでもなんでもないですね。
平安時代がそのまま鎌倉時代に移動するというか、移行してきている。つまり、何々時代という分け方そのものが、日本には少なくとも合わない。

佐波　先人が生きてきた「悠久の歴史」という、ひとことですませられますよね。

馬渕　「悠久」とは、いい言葉ですね。「悠久」は単純に「永い」ということではなく、未来も過去も含んでいる。しかも、すべてがいまに凝縮しているということです。

悠久という言葉の意味するもの

佐波　悠久というのは、いまから過去ではなくて、過去から、いま、未来も含めたものなのですね。

馬渕　それが悠久だと思います。われわれの命も結局、未来までずっと続く。肉体が終わったら終わるわけではないはずなのです、経験したことはないけれど。いや、経験しているのですけれども、覚えていないだけでしょうね。だから、将来も生きているはずなのですが、それはいまに表れている。

いまのわれわれを見ていれば、それはもう過去を体現している、過去が表れているということでもあるのです。

佐波　そうですね。過去を表すということで私が実感しているのが、ご先祖様です。ものすごく遠くなくてもいいのですけれども、実家のタンスのなかに少し上の世代の人たちの遺品が遺っているかと思います。

それらをただタンスにしまい込んでいるだけだと、それは遺品としか呼べません。たとえば万年筆にインクを入れて使うとか、かばんにものを入れて持ち運ぶとか、そんなふうに使うことで遺品から生きた日用品になる。

そう考えると、いまの現代の日本は先人たちがいろいろと残してくれたもの、たとえば歴史や伝統、文化、国語といった大切なものをどんどん遺品にしてしまっているのではないかと思うのです。

それを私たちが普段は使うことがない。昔の文献などを見ても、それが博物館に飾ってあって「昔の書物はこうだったんだね」と鑑賞することはあっても、日常として読んだり話したりすることもなくなりましたよね。

馬渕　いま佐波さんは非常におもしろいことをおっしゃいました。ヨーロッパに行くと必ず観光名所に博物館が入っています。外国から日本に来られた観光客の方は行く場所がないのです。ということは、こじつけに聞こえるかもしれませんが、逆に言えばわれわれの日常が博物館だったともいえる。

佐波　ああ、すごい！

馬渕　たとえばギリシアならギリシアに代表されるヨーロッパ文化でもいいのですけれども、やはり博物館というものに遺品を集めてしまっている。日本の場合は、われわれの毎日が遺品だということです。

佐波　わざわざ博物館に行って展示物を見るのではなく、すべてに先人たちのさまざまなものがあふれていたのが日本だったのですね。

馬渕　それが日本なのです。博物館をつくろうとか、博物館をつくるという発想が、そもそもなかったとはいいませんが、弱かったというか、その必要性をそんなに感じていなかったんじゃないでしょうか。いまのお話をうかがって改めて感じました。

佐波　たしかに。それがいままでの日本だったのに、やはり戦後、このＧＨＱの占領やいろいろなものを通して日本はがらっと変わりましたよね。

馬渕　変わったというか、変わらされたんでしょう。１９４５年から１９５１年まで6年間続きました。

しかし、占領が終わったらすました顔をして変えればいいのです。それはどこの国もやっている。ところが、日本はそれをやらなかった。それがどうしてなのかというのは、いまだに私は十分わからない点があるのですがね。

逆に言えば、日本においては「お上のおっしゃることは間違いがない」というのが、聖徳太子の十七条の憲法以来あるのです。ある意味で、ダグラス・マッカーサーがこの世的というか、俗世的なお上になっていったわけです。だから、「マッカーサー指令に間違いはございませんでしょう」と、日本人の多くが考えてしまった。そういう側面もあるという気がします。

マッカーサーがつくった国？

佐波　実はいまからマッカーサーのお話をしようと思っていました。

馬渕　そうですか、導かれているような感じですね（笑）。

佐波　ある女子大生が以前、歴史について高校生１００人にアンケートを採ったことがありました。そのアンケートとは、「日本が建国した年はいつか」「日本を建国した人物はだれか」というもので、「紀元前６６０年に神武天皇が建国した」と正解を答えられたのが、１００人中２人しかいませんでした。

そのなかで、５人の高校生が日本の建国は「昭和20年８月15日以降」で建国した人物を「マッカーサー」と答えたそうなのです。それを聞いたときに、「ああ、ついに日本もここまで来てしまったのか」と愕然としました。

ただ、振り返って考えてみると、そういうふうに高校生が思ってしまうような日本を戦後つくってきたのですよね。先ほど馬渕先生がおっしゃったように、ＧＨＱが去った後、変えられてしまったいろいろな政策を取り戻してこなかったのも、また戦後の日本だったんでしょうね。

馬渕　そうですね。私が学生のころ習ったのは、東大の憲法学の先生である宮澤俊義の宮澤憲法です。彼は8月革命説というか、１９４５年8月15日をもって日本に革命が起こったというのです。とんでもない説ですけれども、こういう輩が日本の学会を支配していた。

こういう言い方は宮澤さんには失礼ですが、本来、東大の憲法学の教授になるような人でない人がおなりになった。これがＧＨＱのやり方です。ＧＨＱだけではなくて、それは共産主義者のやり方なのです。

本来なるべきでない人をその地位に据える——そうすると、さまざまな嫉妬が飛び交うわけです。嫉妬というのは、まさにわれわれ人間の弱い点というか性《さが》ですから、それを利用するのが共産主義者なのです。

そういうふうにしてわれわれは少なくともＧＨＱの6年間は支配されてきた。その後、残念なことにＧＨＱ時代の利害関係をそのまま引き継いだ人たちが大勢残ってしまったということなのです。これに関しては江藤淳さんが詳しく解説しておられます。なぜかというと、それが利益になるからです。ものごとをお金で換算して考えるようになったのが、GHQの6年間の最大の問題の一つだろうと思うのです。

いまでも、われわれはお金で考えているわけです。そういうことになると、「言霊って何？」となってしまいます。

佐波　そうですね。言霊といえば、GHQが日本を廃れさせたことの一つに国語があると私は思っています。とくにいまの旧仮名遣い、歴史的仮名遣いや正仮名遣いともいいますが。そういう仮名遣いを使わなくなって、難しい漢字も使わなくなりました。そしていま、戦時中に書いた兵士の遺書を若い人たちが読めなくなっているという現象が起こっています。

私は以前、若い世代の人たちと靖國神社の遊就館に行ったことがあります。私たちにもわかる言葉で書いてある遺書だと読めますが、漢字と片仮名が混じっているような少し難しい表現になると、もう読めなくなってしまうのです。

高校生が「古文は難しい」と嘆くのと違って、たった70年前、80年前の文章すら読めなくなっている。英霊がこれから生まれてくる子どもたち、孫たちを守りたいと思った気持ちすら伝わらないということです。

そして、先ほどの高校生のアンケートではありませんが、国語が断絶された国というのは同じ国といえるのか。歴史や国語も断絶されて、高校生たちが1945年からマッカーサーがつくった国に生きていると思っていても仕方がないんじゃないかと思ってしまいます。

馬渕　そのとおりでしょうね。それこそ彼らのねらいであって、歴史を断絶させれば、要するに根無し草になるということなのです。

私はタイに勤務したこともあって、当時、タイの学生から「自分たちに必要なのはいわゆる西欧化、近代化、工業化ということはわかっているけれども、それを進めていくと自分たちの伝統文化が破壊される。ところが、日本は工業化を進めていても、伝統文化を保存するというか、保持する、維持することに成功した唯一の先進国だと思う。その秘訣はなんなのですか?」と問われて、私はその場ではあまりうまく答えられなかったのです。

ある私立大学で、私は柄にもなく近代日本史を教えたことがあるのです。私は通史的に明治維新がいつから起こって、日露戦争がいつ起こったか、そんなことは教えず先のタイの学生からの質問、それを学生の課題にしたのです。集中講義だったので、コマ数は9回か10回ぐらいですが、それを課題に出して学生さんに考えてもらいました。その参考文献の一つに芥川龍之介の『神神の微笑』を挙げておいたのです。

それで、どういう反応が返ってきたかというと、「読めません」と。旧仮名遣いで書いてあるから、ルビが振ってあっても読みにくい、と。

これはもう完全に断絶させられている。

佐波　「読めない」という時点でもう内容が伝わらないですよね。

馬渕　そう、芥川龍之介は日本で最も優れた作家ですが、その文章が読めない。いまは読めないのですよ。ほとんどの学生がそのままでは読めない。

佐波　私も読んだときに振り仮名が多いとは思いました。たしかにちょっと難しい表現もありましたが、現代の言葉だけに慣れている若い人からすると、すらすら読めなくなってしまうんでしょうか。

馬渕　それでも、現代の言葉をきちんと使いこなせればいいけれども、絵文字などを使っていて、現代の言葉ですら使いこなせなくなっているのが問題です。われわれ日本人と日本語はイコールですよ。日本語を話すから日本人といえるかどうかは別としても、日本語を話しているとみんな日本人になるのです。

佐波　たしかに、そう思います。聞いた話ですが、中国人の方は大きな声でけんかをするけれども、日本に来て日本語を話すようになると、日本語はけたたましく話す言語ではないので、けんかがおとなしくなったということです。

馬渕　それはおっしゃるとおりだと思います。中国もそうだし、こういっては失礼かもしれませんが韓国もそうで、彼ら同士はものすごい言葉のやり取りをします。でも、そういうのは、われわれの文化にはなじまないのですね。

　文化というのはわれわれにしみついていますから、一朝一夕に変えることは本来できないものなのです。変えることができなければどうするか？　言語を奪って本来の文化と断絶させるのです。いま中国共産党がモンゴル自治区でやっていることがそれです。先ほどおっしゃったように、自分たちの祖父、曾祖父の残した遺文という言葉を読むことができない。そうやって、現代日本人は先祖と完全に断絶させられてしまったのです。

佐波　国語を取り戻すことが、まずは日本を取り戻す方法ではないかと思います。

先祖信仰

馬渕　芥川龍之介は切支丹《きりしたん》物と呼ばれる一連の短編作品を書いています。『神神の微笑』もその一つです。

芥川龍之介の切支丹物の問題意識は、日本でなぜキリスト教が布教できなかったかということ。つまり、キリスト教が日本の国柄には合わないということになりますが、『神神の微笑』同様、『おぎん』という短編小説にも一つの解答があります。『おぎん』は端的にいえば「先祖信仰」の話です。

主人公のおぎんは養父母に育てられました。自分を産んでくれた本当の父母は早く亡くなってキリシタン夫婦の養子になりました。当然、おぎんもキリシタンとなったのです。

あるとき、禁教令によりおぎんも養父母も捕らわれの身となり、火あぶりの刑の刑場に連行されます。そこで最後に転向の機会を与えられて、おぎんは「わたしはおん教を捨てる事に致しました」と、転向を宣言します。

それを聞いた養父は「おぎん！　お前は悪魔にたぶらかされたのか？　もう一辛

抱しさえすれば、おん主の御顔も拝めるのだぞ」と、養母は「おぎん！　おぎん！　お前には悪魔がついたのだよ。祈っておくれ。祈っておくれ」とおぎんに声をかけます。

しかしおぎんは返事をせず、大勢の見物の向こうに見える墓原の松を眺めていました。縄をほどかれたおぎんは、捕らわれたままの養父母の前に行き、こう言うのです。

「わたしはおん教を捨てました。その訣《わけ》はふと向うに見える、天蓋のような松の梢《こずえ》に、気のついたせいでございます。あの墓原の松のかげに、眠っていらっしゃる御両親は、天主のおん教も御存知なし、きっと今頃はいんへるの《インヘルノ》に、お堕《お》ちになっていらっしゃいましょう。それを今わたし一人、はらいそ《ハライソ》の門にはいったのでは、どうしても申し訣がありません。わたしはやはり地獄の底へ、御両親の跡を追って参りましょう。どうかお父様やお母様は、ぜすす様やまりや様の御側へお出でなすって下さいまし。その代りおん教を捨てた上は、わたしも生きては居られません。………」（『おぎん』）

つまり、おぎんはキリスト様の御許に行くよりも、天国に行くよりも、この世を去ったら生みの親の父母のもとへ行きたいということです。おぎんの行動によって最後には育ての親の二人も転向します。ここが芥川龍之介の小説のおもしろいところですが、この結末に悪魔が喜ぶのです。

この話は我国に多かった奉教人の受難の中でも、最も恥ずべき躓きとして、後代に伝えられた物語である。何でも彼等が三人ながら、おん教を捨てるとなった時には、天主の何たるかをわきまえない見物の老若男女さえも、ことごとく彼等を憎んだと云う。これは折角の火炙りも何も、見そこなった遺恨だったかも知れない。さらにまた伝うる所によれば、悪魔はその時大歓喜のあまり、大きい書物に化けながら、夜中刑場に飛んでいたと云う。これもそう無性に喜ぶほど、悪魔の成功だったかどうか、作者は甚だ懐疑的である。

（『おぎん』）

結果、どちらが勝ったのかわからないですよというのが芥川龍之介の問題意識なのです。キリスト教よりも、日本の先祖崇拝のほうが強かったという意味でもあります。われわれはご先祖様のもとで生きているというか、ご先祖様は私たちにとって一つの生きがいになっている。

つまり、いままで議論してきた縦のつながり。いつまでたっても日本の古代は古くならないという一つの象徴的な小説のようにも思います。

佐波　とても考えさせられますね。ご先祖様の霊とともに生きるという意味で、私も最近知ったことがあります。

馬渕先生がよくお掃除が大事だとおっしゃるので、私も実践していますが、お正月の前になぜ大掃除をするかを最近知ったのです。それはお正月に年神様を迎えるため。自分たちが気持ち良く新年を迎えるためではなかった。自分たちの亡くなった先祖が近くの山などいろいろなところにいらっしゃって、お正月になると帰ってくるのが年神様。

もちろんお正月だけではなくて、田植えや収穫の時期、お盆などいろいろなときに年神様が自分たちの里に帰ってきて、また帰っていく。それが繰り返されています。そして、いずれ年月がたつと自分も亡くなって年神様になっていく。それをずっと繰り返している。死ぬと天国の神様のもとに行くのではなく、その地で子孫たちを見守っていくのが日本そのものだと知りました。

馬渕　その者が生まれた土地の守護神を産土神《うぶすながみ》といいますけれども、そういうことなんでしょうね。われわれは別に土地に縛られているわけではありませんが、そういう世界で生きているということなのです。いまおっしゃったように先人の歴史を継承していることだから、私たちの先祖様が経験されたことは、私たちがいま経験していることでもある。

佐波　現代では歴史というと教科書や年号を一生懸命覚えることといった印象がありますが。定期試験があるからしょうがないのでしょうけれど――。でも、本当の歴史とは、ご先祖様の暮らしを継承すること。古代がずっと続いているというのが歴史の継承なのですね。

馬渕　そういう意味では、いわゆる教科書でいうところの「歴史」というのは日本には存在しないともいえるのです。つまり、「いま」が歴史だからです。

佐波　いま生きている、この瞬間が歴史だということですね。

馬渕　瞬間が歴史そのものなのです。繰り返しになりますけれども、鎌倉時代と平安時代をぴたっと線で分けることはできない。

天皇陛下とのつながり

佐波　私は、戦前と戦後で断絶されてしまった日本を取り戻す一番の鍵は、天皇陛下が国民を想って下さっている気持ちを、われわれ国民が改めて感じ取っていくことだと考えています。

戦時中の教科書を読みますと、天皇陛下に対して子供たちが非常に敬いの心を持っている姿が書かれています。ところが、戦後の教科書からはそういうものは消えてしまっている。それが自分自身が先祖とつながっていることを実感できない一つの理由ではないかと思うのです。

馬渕　おっしゃるとおりです。

ご先祖様とのつながりを一番象徴しておられるのが天皇陛下なのです。実はわれわれも天皇陛下とつながっています。つまり、天皇陛下がおられて、われわれがいるということ。

天皇陛下について学ばないというのは、自分たちについて学ばないというのと同じことなのです。GHQの目的の一つは、歴史を断絶させること。日本人が一番大切にしているものは何かとなると、やはり天皇陛下なのです。天皇陛下と日本人の関係を断絶させる。戦後これで日本人が日本人でなくなった。

佐波　天皇陛下のことをいろいろな書物などで読んでいきますと、天皇陛下について書かれたものを読んでいるつもりが、最終的には国民について書かれていることが多いことに気づきます。

最後の侍従と呼ばれた中村賢二郎先生という方がいらっしゃいます。中村先生は『吹上の季節―最後の侍従が見た昭和天皇』（文藝春秋）と『続 吹上の季節―最後の侍従が綴る昭和天皇』（杉野学園出版部）という2冊の本を書かれていて、皇居で昭和天皇の最後の侍従としてご自身が過ごされてきた日々が綴られています。

２０２１年4月29日、星陵会館で開催された昭和天皇をしのぶ「昭和の日をお祝いする集い」で、司会をしたときのことです。

第二部の記念講演では中村先生がビデオメッセージでご参加されて、中村先生は著書『続 吹上の季節』を開いて、昭和天皇の思い出を紹介してくださいました。とても心に残るお話ですので、ご紹介させていただきます。

立夏の吹上御苑　五月五日（木）

連休最後の休日。日本北部の上空に寒気団が近付いたせいで、最高気温が二十度ほどの爽やかな気候となる。

午前十時半東玄関をご出発になり、まず玄関の南へ向かわれる。月見草が淡い紅色で花弁をつぼめている。陛下は昨夜白く咲いている姿をご覧になっている。足元の小さな花をご覧になって、

「ツメクサか、これはオオイヌノフグリだね。」

「はい、オオイヌノフグリでございます。」

去年の一月二十九日の午後生物学御研究所へお徒歩で向かわれた時東玄関を出られてすぐに「ほらね、咲いているだろう。オオイヌノフグリが。ほら、こんなにいっぱい。」と仰り、名前をよく覚えていなくて、「恐れ入りますが、何と言う花でございましょうか。」と伺うと、「オオイヌノフグリ。暖かいん

だよね。だからこんなに咲いたんだ。」と教えて下さった。

（中略）

「イチハツが良く咲いているね。」吹上御所の東南角の御書庫の前の茂みの周辺を縁どるように植え込まれたイチハツが青紫色の花をいっぱい咲かせている。

「カラスノエンドウもいっぱい。これはハハコグサ。」三、四十センチに真っ直ぐ伸びた茎の先に小粒の黄色い花が咲いている。七草のゴギョウである。花の咲いた実物を初めて見る。

「キュウリグサか。ハナイバラか。どちらかだね。」ペンペン草を小さくしたような形の茎の先に小さな白花を付けた草をご覧になって仰る。

茂みの先の牡丹の咲いている横を通って御所のテラスの前へ進まれる。足元は絡み合った草の茎でうっかりすると躓きそうで気にかかる。

「こっちカラスノエンドウは良く伸びているね。陽当たりが良いからかな。こんなにいっぱいある。ここにもイチハツがある。」

（中略）

中之島に近付いたところで、眼前をアヒルが東の茂みから路を横切って大池に次々と飛び込んでいく。

「ふん。アヒルが陸にいるの珍しいね。」

池に降りたアヒルが給餌を求めて岸辺をぐるぐる旋回している。そのそばに白い首筋の目立つオナガガモが一羽泳いでいる。

「オナガガモが一羽います。」

「ほんとに尾が長いな。」

「それに首に白い線がありますし、のども白くなっています。」

「餌をやろう。あそこが良いかな。」

中之島の真横に苑路の上に欄干の架かった所がある。ここの下には江戸城の頃鴨猟をした引掘が残っていて、東の林内に延びている。北側の石橋の所にある餌箱から大きなひしゃくに三杯を欄干まで運ぶ。三回撒かれて「もう一つ」と仰る。

「あっ、追い払われたよ、アヒルに。アヒルが邪魔して追い払うんだ。」

四杯もひしゃくに山盛りの餌を撒くと、さすがに食べでがある。オナガガモも盛んについばんでいる。

「これだけが残ったのかね。」

「はい、はぐれてしまったのかと思います。」

「これは子供みたいだね。親鳥は行ってしまったんだろうか。」

「仲間は皆北へ行ってしまったと思います。」

しばらくじっと餌をついばむ姿をご覧になって、ぽつりと
「この夏生きていけるのかな。」

『続　吹上の季節　最後の侍従が綴る昭和天皇』中村賢二郎（学校法人杉野学園出版部）

私たちは植物や動物を見ると「ああ、かわいい」、「きれい」と鑑賞します。自分たちが楽しむ気持ちで動物や植物を見てしまうことが多い。ですが陛下は植物や動物に対して、きちんと日光が当たっているのかどうか、種ができているんだろうか、カモはこの夏、生きていけるんだろうかと心配しておられるんだなと思いました。

そう考えたときに、昭和天皇は全国各地を回れない時期もあるなか、こうしてずっ

と国民のことを心配しておられた。それと同じような気持ちで皇居の生き物を心配しておられた。そんなふうに私たちは、国民を大御宝と思う陛下の大御心のもとで生きることができた。そういったことを中村侍従はたくさんの思い出のなかから伝えたかったのではないか、そう感じました。

馬渕　なるほど。それは私にとっては本質的に聞こえます。結局、命というのは分けられるものではない。陛下はそう思っておられるんだと思います。だから、国民を大御宝と思うのは当然というのは変ですけれども、草花をも大御宝だと思っておられるのでしょう。

たとえば日本人だけの命を考えていれば、そういう発想は出てきません。もちろん国民のことを常に心配し、常に安寧を願ってくださっていますが、それは国民だけではなくて、日本列島だけでなくて、地上に存在するすべての命を大切にし、心配し、その命の安寧を願ってくださっている。それが本当の意味での大御心である。だから、この地上に生きとし生けるものはすべて大御宝であるというのが陛下の思いではないかと感じます。

佐波　私も同じ思いです。こうして自分自身がだれかに大切にされている。そうしたご存在がある国に生きていられるということだけでも、とても幸せだなと思うのです。

先ほどもキリスト教のお話が出ましたが、キリスト教が悪いというのではありませんが、生まれたときから原罪を持っているというなかで生まれてきて、どこかでアダムとイブが犯した罪をつぐなわなければいけない、と。そうした原罪を持って生まれてきたキリスト教圏の方と、生まれたときから宝物として生まれてきた日本人というのは、人生に対する考え方がそもそも違うのではないでしょうか。

馬渕　そうですよね。本来はそうなのに、戦後はそれこそ別にキリスト教化されたわけではないけれども、発想がキリスト教的になって、「あなた方はだめな存在だ」と。

ちょっと話が飛ぶようですが、日本国憲法にはそう書いてある。国民はこれだけ問題があるから、その国民を教化しなければならないというのが日本国憲法で、失礼な話です。私に言わせればGHQは失礼です。そもそもわれわれに西洋的な憲法は不要なのです。

いま憲法について、やれ、改憲だとか、やれ、何条とか、緊急事態条項だとか――そんな議論はやめたほうがいいと思っています。

やることはただ一つ、「昭和憲法の廃止」です。極論ですが、私たちは十七の条憲法に戻ればいい。われわれには「十七条の憲法」と「五箇条の御誓文」さえあればいいのです。さらに加えるなら「教育勅語」。

それだけあれば私たちは十分生きていけるのです。

聖徳太子はご立派な方でしたが、われわれは聖徳太子に「和を以て貴しと為す（以和爲貴）」を教えてもらったわけではない。十七条の憲法には論語の教えや仏教の教えが入っていますが、その考え方はそれまで日本になかったわけではないのです。もともとそういう国柄で言挙げしていなかっただけ。〝それを文章にしたらこうなりました〟ということなのです。当時の日本国民の総合的な思いといってもいいでしょう。ゆえに文書化しなくてもわれわれは生きていけるのです。

先ほどの話とも重複しますが、十七条の憲法の第三条に「詔を承いては必ず謹め（承《しょう》詔《しょう》必《ひっ》謹《きん》）」というのがあります。それを見て、「これは天皇絶対制だ。けしからん」と言うのは、左巻きの教師、あるいは日教組のスタンスですが、実際はそうではない。「詔」というのは神々の思いなのです。

意図的かもしれませんが、戦後教育は誤解しているのです。その根底は日本の歴史に対する認識のなさに尽きます。

歴史は「いま」でもあり、いまは「歴史」でもあるということから、私たちの日々の生活が歴史をもとに成り立っているということに思いをはせれば、こういう間違いはだんだんなくなっていくはずです。そうしなければいけないと強く思うのです。

佐波　先ほど私は歴史が断絶されていると絶望的な話もいたしました。でも、もっと引いた長いスパンで見ると、日本は古代という大きな繭のなかに包まれている。GHQが鋏でどんなに切ろうとしても切れないような長い歴史を先人たちがずっと培ってくださっていた。まだまだ壊れないもの、壊せないものはたくさんありますよね。

GHQが継承させなかったものはたくさんあります。それでも先人たちがこんなに長く続けてくださっていた歴史というものをちょっと取り戻すだけで、日本は大きな底力が出てくるのではないかと思えるのです。

馬渕　底力というのはいい言葉ですね。そのとおりだと思います。いまおっしゃったように取り戻すのですが、それは取り戻さなくても存在している。

だから、取り戻すというふうに構えなくても、「日本人とは何か」ということをもう一度考え直す――「直す」というのは変ですね、考えてみればいい。

「私はなぜいまここに存在しているんだろう」ということです。われわれは普通、そういうことを日々考えて生きているわけではありません。ご飯を食べ、眠り、遊ぶ、仕事に専念する――。それでいいのですが、ただ、その前提として「私たちはなんで生きているのかな」と考えてみる。

その答えを知るためには難しい本を読まなくてもいいのです。われわれの歴史の「軸」さえ発見すればいい。古代が生きているということを認識すればいい。そういう意味では「古代」という分け方、言い方自体は必要なのです。

大御宝と大御心

佐波　「松山鏡」という民話があって、そのお話が私に気づきを与えてくれたのですが、それをお話ししてもいいですか。

馬渕　ぜひ、聞かせてください。

佐波　その物語ではお母さんが娘にあるものを残します。「私が亡くなった後、寂しくなったら、これを見てごらん」と。

お母さんが亡くなった後、娘がそれを開けてみると鏡が入っていました。見てみると、そこにお母さんが映っていた――。つまり、娘さんはお母さんとそっくりだったという話です。まだ鏡がめずらしかった時代なので、娘さんは自分の顔をちゃんと見たことがなかったのですね。


（前略）その時おかあさんはまくらの下から鏡を出して、

「これはいつぞやおとうさんから頂いて、だいじにしている鏡です。この中にはわたしの魂が込めてあるのだから、この後いつでもおかあさんの顔が見たくなったら、出してごらんなさい。」

といって鏡を渡しました。

それから間もなく、おかあさんはとうとう息を引き取りました。あとに取り残された娘は、悲しい心をおさえて、おとうさんの手助けをして、おとむらいの世話をまめまめしくしました。

おとむらいがすんでしまうと、急にうちの中がひっそりして、じっとしていると、寂しさがこみ上げてくるようでした。娘はたまらなくなって、

「ああ、おかあさんに会いたい。」

と独り言をいいましたが、ふとあの時おかあさんにいわれたことを思い出して、鏡を出してみました。

「ほんとうにおかあさんが会いに来て下さるかしら。」

娘はこういいながら、鏡の中をのぞきました。するとどうでしょう、鏡の向こうにはおかあさんが、それはずっと若い美しい顔で、にっこり笑っていらっしゃいました。娘はぼうっとしたようになって、

「あら、おかあさん。」

と呼びかけました。そしていつまでもいつまでも、顔を鏡に押しつけてのぞき込んでいました。(後略)

『日本の諸国物語』楠山正雄「松山鏡」(講談社)

つまり、鏡に映る自分の顔は、古代からずっと続いてきた、ご先祖様のいろいろな部分、眼や鼻といったものが継承されている。

私は鏡を見ると、「あっ、白髪がある」とか、「きょうも疲れているな」とか、がっかりすることが多いのです。鏡を見るのが憂鬱になるのが現代人ではないかと(笑)。

鏡を見たときに、「この目はおじいさんの目だな」「この耳はひいおばあさんの耳なんじゃないか」と、そんなふうに考えてみると、鏡一枚は薄くても、そこに映る自分の顔にはものすごく厚い歴史の重みを感じるようになりました。

馬渕　三大神勅の一つに宝鏡奉斎の神勅というのがあります。

佐波　ああ――鏡ですね。

【宝鏡奉斎の神勅】
吾が児、此の宝鏡を視まさむこと、当に吾を視るがごとくすべし。
与に床を同くし殿を共にして、斎鏡とすべし（日本書紀）

馬渕　いまのお話と合わせると、鏡に映った自分自身には、歴史というものの長さというか、厚さがあるということですね。天照大神が瓊瓊杵尊に、「いつでも鏡を見なさい。これが私です」というのは、「あなたは私ですよ」という意味でもあると思うのです。

歴史というものは切れるものではない。それを象徴的に鏡が表すだけで、そもそも鏡はいまのわれわれから見れば物質ですが、物質であって物質ではない。そういう感じです。だから、鏡に映すという行為そのものが物理的な行為ではなくて、歴史的な行為である、と。いまのお話をうかがっていて、そう思いました。われわれは別に難しいことをいわなくても、歴史的存在なのです

あたりまえのことですけれども、まずはお父さん、お母さんがいなかったら存在しなかったわけです。その存在の確率も1億分の1といわれています。1億の精子のなかの一つが受精するのです。それだけでもすごいことです。

そうすると、そのお父さん、お母さんもお互いに1億分の1の奇跡の結果として存在した。それをどんどん遡れば数えきれない。これは若干物質的発想もあるのですがね。でも、そういう物質のたとえを借りながら、物質でないものを表現する。それが日本語の特徴でもあるし、日本文化の特徴でもある。

日本文化はそういう意味で、古代といいながら現代の話になる。そういうことだと思います。だいたい中世というのは存在しなくて、中世といいながら現代。すべては現代、いまということですね。いまは何かというと古代であり、あるいは中世でもある。もっと言えば神代でもある、と。

そう考えると、われわれの存在自体がいかに奇跡の塊であるか。そういうことを理解するだけでも、私たちの日々の生活態度は変わるのです。

簡単にいえば、感謝というのはなんでもない言葉ですが、いま私たちが存在していること自体に感謝はできないですよね。それはあまりにもあたりまえだからです。しかし、それはあたりまえではない。繰り返しますが、１億分の１の奇跡から始まる、そういうことじゃないかという気がします。

同じことですが、自分しかいない、と。自分しかいないといっても、ほかの人を無視することではなくて、自分は他人と同じだということですね。

お釈迦様が言ったと伝わっている「天上天下唯我独尊」とは、そういうことですね。お釈迦様が「俺しかいないんだ」と思ったのではなくて、自分というものはすべてであり、また、すべては自分でもある。私自身まだ勉強中ですが、これが腑に落ちれば、そういう意味では国民がどういうものか、なぜ大御宝なのかというのがわかると思います。陛下にとって国民は自分なんだ、と。

また、国民にとって、畏れ多いことですが、陛下は自分でもある、と。それは物理的な意味での自分ではありません。自分の思いは陛下の思いと同じである。陛下にとっては、自分の思いというのは国民の思いと同じである——そういう気持ちでおられるからこそ、国民は大御宝であり、そういう心が大御心である、と。

佐波　君民が一体になった、そんな国なのですね。

馬渕　君民一体はいい言葉で、私も好きな言葉です。それを別の言葉で表せば「君民共治」です。君民共治とは何か。それを支えるものは大御宝と大御心であって、われわれは陛下と同じく神々の子孫であるという考え方ですね。祭祀共同体だからこそ、われわれは天皇陛下と一体になれるわけです。一体になるというのは、もちろん物理的に一体になることではありません。そこで、最初の言葉に戻ります。「古代と一体化している」ということなんだろうという気がしてなりません。

佐波　そういう国に生まれて育つことができて、本当に幸せだと思います。

馬渕　そうですね。幸せなのですけれども、それは日本国民だけの特権であってはいけないということです。他の国にもやはり大御宝、大御心が存在していなければいけないのですね。

日本は別に他国に干渉するわけではありませんが、君民共治の生き方、あるいは先ほど申し上げた祭祀共同体の生き方を実践で示すことによって、結果としてほかの民族の方々の指標になる、モデルになるということではないでしょうか。

終章

保守とは何か

「保守」とは、天皇を正しく理解し、天皇をお守りすることに尽きる

さてみなさん、これまで本書を読んでこられて、どのような印象をお持ちになったでしょうか。いわゆる「保守」を名乗る言論人たちが増える一方の現在、保守とは何かを説明できる方は何人おられるのでしょうか。

現在の保守論が隔靴掻痒《かっかそうよう》であることに危機感を覚えたため、本書の出版に至ったと言っても、過言ではありません。

本書を読んでいただければおわかりのように、保守とは天皇を正しく理解し、天皇をお守りすることに尽きます。私たち日本人の軸こそ、天皇なのです。日本国家は天皇と不可分であり、日本人もまた、天皇と不可分の一体であるのです。

本書で述べてきたように、日本国家の伝統的統治形態は「君民共治」ですが、君民共治は単に天皇の権威と国民の権力の分立ではありません。私たち民もまた、天皇陛下と同様権威を備えた存在であることを自覚することが肝要なのです。

戦前の国語学者であった山田孝雄氏は『肇國《ちょうこく》の精神』（昭和13年文部省編）のなか

で、わが国の君民共治の國體を支える軸が、祭祀共同体の精神であり、それは国民がわが国は神国であることを自覚することであると指摘しておられます。

この神国観は、この国が神から生まれたということを基として起こる思想であるが、神を祖として生まれたその子は当然神と本質を同じくするものであらねばならぬ。即ちこの国においては国土・国民・君主三者みな神の所生であり、その神の正系を伝えたまうが天皇であると確信している。ここに天皇の現人神であらせられることは勿論であるが、国土も神格を有し、国民も神格を有すると考える。（『肇國の精神』）

わが国の國體を一言で説明した文章です。

しかし、われわれにはなかなかすとんと腑に落ちません。私たち国民は神の子どもであると論じているのですが、読者の方々のなかには自らが「神の子どもである」と言われても、俄《にわ》かには信じられないという方がほとんどかもしれません。

そもそも、私たちはなぜこの世に存在しているのでしょうか。ただ、漫然と生まれてきたのでしょうか。そう考えますと、私たちの存在は誰かの意思が働いた結果であると見ることができるようになるのではないかと思います。

常識的には、父母の性行為によって誕生したのですが、人間が誕生する確率は精子一億個のなかの一個が受精することによるのですから、私たちがこの世に生まれ出たのは、一億分の一の奇跡の結果です。

このような気の遠くなる確率が存在している事実は、大いなる意思が反映されたと素直に受け取るべきではないでしょうか。

中途半端な理屈を並び立てる前に、素直さを取り戻すことが求められているといえます。私たちの周りで生じているさまざまな現象を、素直な心で受け止めることによって、私たちはこの世界の秘密に迫ることができるのだと感じます。

国土・国民・君主の三者は同じ血を有する血族

では、国土も神格を有するとはどういうことでしょうか。

私たちが住むこの日本列島は神から生まれた土地であり、それゆえに神の性格、神格を有すると言っているのです。日本列島は神の子どもであるから神と性格を同じくしているわけです。一般には、土地は物質であり、物質に神が宿っているとは考えません。

しかし、『古事記』を読めば、日本列島はすべて伊邪那岐、伊邪那美の二神がお生みになったと記述されています。しかも、天津神《あまつかみ》の指導の下に、日本列島を生み出すという大事業を完成されたのです。であるならば、日本列島は当然生みの親である伊邪那岐、伊邪那美の神格を有することになります。

伊邪那岐命がお生みになった天照大御神の孫である瓊瓊杵尊が日本に降臨され、曽《そう》孫《そん》の神武天皇が即位されて、ここに日本国をしらす（知らす・治らす）体制が確立します。以来今上天皇まで126代の天皇陛下は当然神の子どもであり神格を有することは、自然に受け入れられることでしょう。

天皇の存在そのものが現人神であることに疑いは生じません。しかも、神の子どもである私たち国民自体も現人神なのです。このように、わが国には1億2千万人の現人神が存在しており、文字通り「神の国」なのです。

この認識が保守の本質といえます。

昨今、保守という言葉が無造作に使用されていますが、保守の神髄は天皇陛下を始めとする皇室の方々、国民、そして日本列島の三者が神の性格を有しているということを認め、敬意を表することに尽きます。

本書が、『真・保守論』となっている所以《ゆえん》です。

そこで、このような認識に基づき、私たちはどう行動すべきかが喫緊《きっきん》の課題です。言うまでもないことですが、わが国は神国であることを知っているだけでは、何の意味もありません。

問題は、神国であることを実際の行動で示すことです。

行動で示すとは、どのようなことでしょうか。たとえ私たちが神格を有することを実感していなくても、神の子どもであることの意味を自らの研鑽努力によって究めることによって、神の本質に迫ろうとする心意気が必要なのです。

この自覚が、われわれは世界の模範となる人間にならねばならないとの気力を生むことになるはずです。さらに、国土が神格を有するという自覚は、わが国をいたずらに戦争に巻き込んではならないとする自重心を起こさせるはずです。

言うまでもなく、他国との戦争は日本の国土を汚すことになるからです。国土を汚すということは、神を汚すということであり、わが国の伝統的思想である穢《けが》れ忌避思想に反することです。

山田孝雄氏の『肇國の精神』が『國體の本義』発刊の1年後の昭和13年（1938年）に世に出たのは、戦争の足音がひしひしと押し寄せていたからです。

ヨーロッパでは、ポーランドがナチスドイツとの妥協を拒み続けた結果、翌1939年9月に戦端が開かれ、第二次世界大戦が始まりました。

ナチスと同盟を結んでいたわが国は、アメリカの意図的な挑発の結果1941年12月に真珠湾を奇襲攻撃して、大東亜戦争に突入することになりました。『肇國の精神』は残念ながら戦争を防ぐことができませんでした。1945年8月の敗戦によって、わが神国土は史上初めて外国勢力に支配されることになったのです。

わが国が神の國であることを理解しない占領軍（GHQ）の支配は、二重の意味で神国にとって屈辱でした。一つは外国勢が神国を支配したこと、しかも軍人たちが神国を統治したことでした。

GHQがわが国の神国としての特徴を理解していなかったのはやむを得ないとしても、わが国政府が神国であることを忘れたかのように追随的態度を取ったことが、もう一つの屈辱です。

ＧＨＱはわが国を神国として尊重するどころか、神国としての主権を放棄させました。神国である誇りを骨抜きにされて、今日に至ってしまったのです。

だからこそ、安倍総理は「戦後レジームを脱却し、日本を取り戻す」と叫ばざるを得なかったのです。日本を取り戻すとは、神国日本を取り戻すということです。だから、安倍総理は暗殺されたのだと考えられます。神国日本を恐れているのは、ＧＨＱを操ったアメリカ系ユダヤ人のニューディーラーの末裔たち、すなわち共産主義者たちです。共産主義と神国思想とは水と油で、共存できません。

２０２４年以降、私たちが戦わなければならない相手は、現在の共産主義者、すなわちグローバリストです。

彼らが目指す「世界新秩序」はグローバル市場による世界の統一で、マネーを独占的に握っているグローバリストたちが統一世界に君臨するという幻想です。かれらの儚い夢が幻想である理由は、彼らは世界の超少数派であるという事実です。

彼らは神国日本を倒すことはできません。何故なら、神国ではマネーは二次的な意味しか持っていないからです。私たちが神国であることに目覚めることができれば、グローバリストたちの幻想が世界の前に明らかになります。

わが国が神から生まれたということの意味は、神から命を与えられたということです。神の命ということは、永遠の命ということです。永遠の命を与えられているという精神は、わが国は永遠に発展を続けなければならないということを意味します。

これすなわち、天照大神の下された「天壌無窮の神勅」のことです。一時的にしか生存できないグローバリストの世界観とは180度相違しているのです。

以上に見たように、神から生まれた国土・国民・君主の三者は同じ血を有する血族として、相互に一体感を有し分離することができない関係にあります。日本国民がなぜ団結しているのかの答えがここにあります。

歴史的に見れば、日本人は決して純粋民族ではありません。様々な渡来人の血が混じっているのです。しかし、これら渡来人たちは日本に同化しました。同化したということは、血のみならず精神も同化したということです。

神国土は強固な同化力を備えているのです。一旦日本に同化すれば、出生地の差異によって差別することはありません。山田孝雄氏は渡来人の子孫で日本人の模範になった人物を挙げていますが、そのうちの一人が坂上田村麻呂です。

私たちは歴史教科書で坂上田村麻呂の活躍ぶりを習いますが、だれも彼が帰化人であることに気づいていないのです。坂上田村麻呂を「○○系日本人」とは決して言わない。そもそも、わが国には帰化人を「○○系日本人」と呼ぶ習慣はないのです。つまり、同化すればみな日本人なのです。現在の国会議員のなかにも帰化人や帰化人の子孫が少なからずいます。しかし、私たちは彼らを「日本人」と呼称し、「○○系日本人」とは誰も言わないのです。

血の同化は精神の同化でもあります。

さかのぼれば、降臨された天孫瓊瓊杵尊は、地上の神の娘と結婚されましたが、瓊瓊杵尊のことを「高天原系日本人」とは誰も言わなかったのです。瓊瓊杵尊は地上世界大和の国の神であるのです。

私たちは天壌無窮のなかに生きている

『肇國の精神』は私たちの先祖供養の本質についても論じています。

先祖供養の重要さについては、第４章でご紹介した芥川龍之介がキリシタン物短編の『おぎん』で強調しているところです。

キリシタンの養父母に育てられた少女「おぎん」は、刑場で最後の転向の機会を与えられた時、キリシタンとして天国に召されるよりも、実の父母が堕ちている地獄へ行きたいと決心してキリスト教を捨て、結局養父母も「おぎん」に説得されて棄教したという話でした。

芥川龍之介はこの小説でキリスト教が日本で広まらなかった理由を説明しているのですが、同時に親子の絆の強固さをも示唆していることをここで補足しておきたいと思います。

ここに見られる親子の絆は、神国観の柱の一つです。私たちは親子の絆で互いに結ばれているのです。この絆は直近の親子の絆に限定されるものではありません。先祖を遡ること無限の親と絆で結ばれているのです。

逆にいえば、子孫の末代まで親子の絆が存在しているのです。ということは、私たちにとって親子の絆は永遠ということです。親子の絆は天皇との絆でもあり、国土との絆でもあります。つまり、私たちは天壌無窮のなかに生きているというわけです。

いま現在、天壌無窮の永遠のなかに生きているということは、「中今」の思想でもあります。過去も未来もすべていまに凝縮されているのです。

私たちは「いま」という永遠の命を生きているのです。私たち先祖の過去も、子孫の未来も、すべて現在に存在している。だからこそ、私たちの命は永遠なのです。第4章でも強調しましたが、悠久とはいまのことです。わが神国はいまの私たちのなかに存在し、永遠に古くならないのです。

古くならないということは、常に新しいということです。

私たちの時間はすべていまにあるのです。いまを認識することは過去と未来を軽んじることでは断じてありません。むしろ、いまに感得できなければ、過去も未来も存在しえないとすらいえるでしょう。

わが国は永遠の命を有し、それ故永遠に発展を続けることができるわけです。

わが国の開闢《かいびゃく》以来の歴史は、いまという「永遠」のなかで展開されているのです。

いまに生きる私たちは、永遠の命を共に生きていることを、本書を終えるにあたり読者の方々と共有したいと願っています。

ありがとうございました。

令和5年12月吉日

馬渕睦夫

馬渕睦夫（まぶち・むつお）

元駐ウクライナ兼モルドバ大使、元防衛大学校教授、前吉備国際大学客員教授。1946年京都府出身。京都大学法学部3年在学中に外務公務員採用上級試験に合格し、1968年外務省入省。1971年研修先のイギリス・ケンブリッジ大学経済学部卒業。著書に『国難の正体』（総和社／新装版ビジネス社）、『ディープステート 世界を操るのは誰か』（ワック）、『日本を蝕む 新・共産主義』『ウクライナ戦争の欺瞞 戦後民主主義の正体』（徳間書店）、『馬渕睦夫が読み解く2024年世界の真実』（ワック）など多数。2023年1月よりYouTube番組『馬渕睦夫チャネル 〜日本の道標〜』を開設し、「大和心ひとりがたり」を配信中。
YouTube：https://www.youtube.com/@user-cw7ii3th8k

真・保守論
國體の神髄とは何か

第1刷　2024年1月31日

著者／馬渕睦夫

発行者　小宮英行
発行所　株式会社徳間書店
〒141-8202　東京都品川区上大崎3-1-1 目黒セントラルスクエア
電話　編集03-5403-4344／販売049-293-5521
振替　00140-0-44392

印刷・製本　大日本印刷株式会社

ISBN978-4-19-865739-0